PAR LES CHAMPS

ET

PAR LES GRÈVES

BIBLIOTHÈQUE CHARPENTIER

A 3 FR. 50 LE VOLUME

OUVRAGES DU MÊME AUTEUR

MADAME BOVARY, mœurs de province. — ÉDITION DÉFINITIVE, suivie des Réquisitoire, Plaidoirie et Jugement du PROCÈS INTENTÉ A L'AUTEUR devant le Tribunal correctionnel de Paris (Audiences des 31 janvier et 7 février 1857). .... 1 vol.

SALAMMBO. ÉDITION DÉFINITIVE avec documents nouveaux. .... 1 vol.

LA TENTATION DE SAINT ANTOINE. ÉDITION DÉFINITIVE .... 1 vol.

TROIS CONTES. (Un cœur simple. — La légende de Saint-Julien l'Hospitalier. — Hérodias). 6e édition. 1 vol.

L'ÉDUCATION SENTIMENTALE. Histoire d'un jeune homme.. 1 vol.

LETTRES DE GUSTAVE FLAUBERT A GEORGE SAND, précédées d'une étude, par Guy DE MAUPASSANT (3e mille).. .... 1 vol.

4205-85. — Corbeil. Typ. et stér. Crété.

PAR LES CHAMPS

ET

PAR LES GRÈVES

(VOYAGE EN BRETAGNE)

ACCOMPAGNÉ DE MÉLANGES ET FRAGMENTS INÉDITS

PAR

GUSTAVE FLAUBERT

DEUXIÈME MILLE

PARIS

G. CHARPENTIER ET Cⁱᵉ, ÉDITEURS

13, RUE DE GRENELLE, 13

1886

Tous droits réservés.

AVANT-PROPOS DE L'ÉDITEUR

Le volume que nous présentons au public se compose de différentes œuvres de Gustave Flaubert, les unes inédites, les autres, publiées dans des conditions spéciales ou tirées à un très petit nombre d'exemplaires. C'est, à vrai dire, un recueil d'œuvres posthumes, écrites depuis son extrême jeunesse jusqu'à ses dernières années, toutes sur des sujets absolument divers, et dans lesquelles on retrouvera le germe de certaines œuvres, et les préoccupations de l'esprit si varié de l'auteur de *Madame Bovary* et de *Salammbô*, de *l'Education sentimentale* et de *la Tentation de saint Antoine. Par les Champs et par les Grèves*, qui forme environ la moitié du volume, date de l'année 1847. C'est le récit d'un voyage en Bretagne fait en compagnie de M. Maxime Du Camp, et qui devait être écrit à tour de rôle par les deux voyageurs, Flaubert se chargeant des chapitres impairs et M. Maxime Du Camp des chapitres pairs. Ce mode de procéder, qui n'est pas, à vrai dire, une collaboration, obligeait chacun à faire de son chapitre un morceau complet, indépendant, autant que possible, du précédent, et il s'ensuit que les chapitres contenus dans ce volume, écrits par Gustave Flaubert, forment un tout très personnel, très distinct, très complet. Il ne nous appartient pas de porter ici un jugement littéraire, mais il nous est pourtant permis de dire qu'on trouvera là certaines pages qui peuvent se classer parmi les meilleures du grand écrivain. Ajoutons que ce *Voyage en Bretagne* est inédit, à l'exception d'un chapitre, *Les pierres de Carnac*, publié dans l'*Artiste* en 1858, et de quelques fragments parus, cette année même, dans le *Gaulois*.

La première pièce par ordre chronologique est le *Chant de la mort*, qui est daté de 1838, c'est-à-dire de la dix-huitième année de son auteur (1). Il devait faire partie d'une sorte de poème en prose, fantastique et philosophique : *La Danse des morts*. La seconde : *Smarh* (*vieux mystère*, dit le manuscrit), a été écrite l'année suivante. Elle est surtout curieuse en ce qu'on y sent l'idée première de cette œuvre qui a préoccupé toute sa vie son auteur : *La Tentation de saint Antoine*, qui n'a paru qu'en 1874.

L'étude inédite sur *Rabelais* ne porte pas de date précise mais a été écrite vers la même époque. Elle eût pu l'être 30 ans plus tard, car on y trouve déjà

(1) Le manuscrit le plus ancien trouvé dans les papiers de G. Flaubert, est de 1836.

les conceptions et les idées critiques que Flaubert a professées toute sa vie; cette étude est inédite.

Novembre, fragments d'un grand roman autobiographique, essentiellement psychologique, qui n'a pas été imprimé.

A bord de la Cange, qui n'avait non plus jamais paru, a été publié peu de temps après sa mort, en 1880, par le journal *le Gaulois*. C'est un court fragment, le début de son voyage en Égypte en 1850, qu'il n'a pas continué d'écrire, mais dont il sera bien souvent question dans sa correspondance.

Nous avons réimprimé ici la belle étude sur le poète *Louis Bouilhet*, qui a paru en 1870 en tête de l'édition des *Dernières chansons*, et qu'on ne trouve que dans ce volume.

Enfin, on lira également la fameuse *Lettre au conseil municipal de Rouen*, qui fit grand bruit en 1872, pamphlet plein de cœur et de verve dans lequel il venge cruellement son si cher ami Louis Bouilhet de l'injustice et du dédain de ses compatriotes.

Nous avons estimé qu'on ne pouvait priver le public de ces productions, intéressantes à divers titres, d'un de nos plus grands romanciers, et qu'il était nécessaire de mettre au jour ces pages qui forment le complément naturel de ses précédents ouvrages, et sans lesquelles il ne saurait y avoir de véritables œuvres complètes de Gustave Flaubert.

G. C.

PRÉFACE

AUX

DERNIÈRES CHANSONS

POÉSIES POSTHUMES

de Louis BOUILHET

I

On simplifierait peut-être la critique si, avant d'énoncer un jugement, on déclarait ses goûts ; car toute œuvre d'art enferme une chose particulière tenant à la personne de l'artiste et qui fait, indépendamment de l'exécution, que nous sommes séduits ou irrités. Aussi notre admiration n'est-elle complète que pour les ouvrages satisfaisant à la fois notre tempérament et notre esprit. L'oubli de cette distinction préalable est une grande cause d'injustice.

Avant tout, l'opportunité du livre est contestée. « Pourquoi ce roman ? à quoi sert un drame ? qu'avons-nous besoin ? etc. » Et, au lieu d'entrer dans l'intention de l'auteur, de lui faire voir en quoi il a manqué son but et comment il fallait s'y prendre pour l'atteindre, on le chicane sur mille choses en dehors de son sujet, en réclamant toujours le contraire de ce qu'il a voulu. Mais si la compétence du critique s'étend au delà du procédé, il devrait tout d'abord établir son esthétique et sa morale.

Aucune de ces garanties ne m'est possible à propos du poète dont il s'agit. Quant à raconter sa vie, elle a été trop confondue avec la mienne, et là-dessus je serai bref, les mémoires individuels ne devant appartenir qu'aux grands hommes. D'ailleurs, n'a-t-on pas abusé du « renseignement »? L'histoire absorbera bientôt toute la littérature. L'étude excessive de ce qui faisait l'atmosphère d'un écrivain nous empêche de considérer l'originalité même de son génie. Du temps de Laharpe, on était convaincu que, grâce à de certaines règles, un chef-d'œuvre vient au monde sans rien devoir à quoi que ce soit, tandis que maintenant on s'imagine découvrir sa raison d'être, quand on a bien détaillé toutes les circonstances qui l'environnent.

Un autre scrupule me retient: Je ne veux pas

démentir une réserve que mon ami a constamment gardée.

A une époque où le moindre bourgeois cherche un piédestal, quand la typographie est comme le rendez-vous de toutes les prétentions et que la concurrence des plus sottes personnalités devient une peste publique, celui-là eut l'orgueil de ne montrer que sa modestie. Son portrait n'ornait point les vitrines du boulevard. On n'a jamais vu une réclamation, une lettre, une seule ligne de lui dans les journaux. Il n'était pas même de l'académie de sa province.

Aucune vie, cependant, ne mériterait plus que la sienne d'être longuement exposée. Elle fut noble et laborieuse. Pauvre, il sut rester libre. Il était robuste comme un forgeron, doux comme un enfant, spirituel sans paradoxe, grand sans pose ; — et ceux qui l'ont connu trouveront que j'en devrais dire davantage.

II

Louis-Hyacinthe Bouilhet naquit à Cany (Seine-Inférieure) le 27 mai 1822. Son père, chef des ambulances dans la campagne de 1812, passa la Bérésina à la nage en portant sur sa tête la caisse du régiment, et mourut jeune par suite de ses blessures ; son grand-père maternel, Pierre Hourcastremé, s'occupa de législation, de poésie, de géométrie, reçut des compliments de Voltaire, correspondit avec Turgot, Condorcet, mangea presque toute sa fortune à s'acheter des coquilles, mit au jour les *Aventures de messire Anselme*, un *Essai sur la faculté de penser*, les *Étrennes de Mnémosyne*, etc., et après avoir été avocat au baillage de Pau, journaliste à Paris, administrateur de la marine au Havre, maître de pension à Montivilliers, partit de ce monde presque centenaire, en laissant à son petit-fils le souvenir d'un bonhomme bizarre et charmant, toujours poudré, en culottes courtes, et soignant des tulipes.

L'enfant fut placé à Ingouville, dans un pensionnat, sur le haut de la côte, en vue de la mer; puis, à douze ans, vint au collège de Rouen, où il remporta dans toutes ses classes presque tous les prix, — bien qu'il ressemblât fort peu à ce qu'on appelle un bon élève, ce terme s'appliquant aux natures médiocres et à une tempérance d'esprit qui était rare dans ce temps-là.

J'ignore quels sont les rêves des collégiens, mais les nôtres étaient superbes d'extravagance, — expansions dernières du romantisme arrivant jusqu'à nous, et qui, comprimées par le milieu provincial, faisaient dans nos cervelles d'étranges bouillonnements. Tandis que les cœurs enthousiastes auraient voulu des amours dramatiques, avec gondoles, masques noirs et grandes dames évanouies dans des chaises de poste au milieu des Calabres, quelques caractères plu sombres (épris d'Armand Carrel, un compatriote) ambitionnaient les fracas de la presse ou de la tribune, la gloire des conspirateurs. Un rhétoricien composa une *Apologie de Robespierre*, qui, répandue hors du collège, scandalisa un monsieur, si bien qu'un échange de lettres s'ensuivit avec proposition de duel, où le monsieur n'eut pas le beau rôle. Je me souviens d'un brave garçon, toujours affublé d'un bonnet rouge; un autre se promettait de vivre plus tard en mohican, un de mes intimes voulait se faire renégat pour aller servir Abd-el-Kader. Mais on n'était pas seulement troubadour, insurrectionnel et oriental, on était avant tout artiste; les pensums finis, la littérature commençait; et on se crevait les yeux à lire, au dortoir, des romans, on portait un poignard dans sa poche comme Antony, on faisait plus : par dégoût de l'existence, Bar*** se cassa la tête d'un coup de pistolet, And*** se pendit avec sa cravate; nous méritions peu d'éloges, certainement! mais quelle haine de toute platitude! quels élans vers la grandeur! quel respect des maîtres! comme on admirait Victor Hugo!

Dans ce petit groupe d'exaltés, Bouilhet était

le poète, poète élégiaque, chantre de ruines et de clairs de lune. Bientôt sa corde se tendit et toute langueur disparut — effet de l'âge, puis d'une virulence républicaine tellement naïve qu'il manqua, vers les vingt ans, s'affilier à une société secrète.

Son baccalauréat passé, on lui dit de choisir une profession ; il se décida pour la médecine, et, abandonnant à sa mère son mince revenu, se mit à donner des leçons.

Alors commença une existence triplement occupée par ses besognes de poète, de répétiteur et de carabin. Elle fut pénible tout à fait, lorsque, deux ans plus tard, nommé interne à l'Hôtel-Dieu de Rouen, il entra sous les ordres de mon père, dans le service de chirurgie. Comme il ne pouvait être à l'hôpital durant la journée, ses tours de garde la nuit revenaient plus souvent que ceux des autres ; il s'en chargeait volontiers, n'ayant que ces heures-là pour écrire ; — et tous ses vers de jeune homme, pleins d'amour, de fleurs et d'oiseaux, ont été faits pendant des veillées d'hiver, devant la double ligne des lits d'où s'échappaient des râles, ou par les dimanches d'été quand, le long des murs, sous sa fenêtre, les malades en houppelande se promenaient dans la cour. Cependant ces années tristes ne furent pas perdues; la contemplation des plus humbles réalités fortifia la justesse de son coup d'œil, et il connut l'homme un peu mieux pour avoir pansé ses plaies et disséqué son corps.

Un autre n'aurait pas tenu à ces fatigues, à ces dégoûts, à cette torture de la vocation contrariée. Mais il supportait tout cela gaiement, grâce à sa vigueur physique et à la santé de son esprit. On se souvient encore, dans sa ville, d'avoir souvent rencontré au coin des rues ce svelte garçon d'une beauté apollonienne, aux allures un peu timides, à grands cheveux blonds, et tenant toujours sous son bras des cahiers reliés. Il écrivait dessus rapidement les vers qui lui venaient, n'importe où, dans un cercle d'amis, entre ses élèves, sur la table d'un café, pendant une opération chirurgicale en aidant à lier une artère; puis il les donnait au premier venu, léger d'argent, riche d'espoir, — vrai poète dans le sens classique du mot.

Quand nous nous retrouvâmes, après une séparation de quatre années, il me montra trois pièces considérables.

La première, intitulée *le Déluge*, exprimait le désespoir d'un amant étreignant sa maîtresse sur les ruines du monde près de s'engloutir :

> Entends-tu sur les montagnes
> Se heurter les palmiers verts?
> Entends-tu dans les campagnes
> Le râle de l'univers?

Il y avait des longueurs et de l'emphase, mais d'un bout à l'autre un entrain passionné.

Dans la seconde, une satire contre les *jésuites*, le style, tout différent, était plus ferme.

> O prêtres de salons, allez sourire aux femmes;
> Dans vos filets dorés prenez ces pauvres âmes!
> . . . .
> Et ministres charmants au confessionnal
> Tournez la pénitence en galant madrigal!
> Ah! vous êtes bien là, héros de l'Évangile,
> Parfumant Jésus-Christ des fleurs de votre style
> Et faisant chaque jour, martyrs des saintes lois,
> Sur des tapis soyeux le chemin de la croix!
> . . . .
> Ces marchands accroupis sur les pieds du Calvaire,
> Qui vont tirant au sort et lambeau par lambeau,
> Se partagent, Seigneur, ta robe et ton manteau;
> Charlatans du saint lieu, qui vendent, ô merveille,
> Ton cœur en amulette et ton sang en bouteille!

Il faut se remettre en mémoire les préoccupations de l'époque, et observer que l'auteur avait vingt-deux ans. La pièce est datée 1844.

La troisième était une invective « *à un poète vendu* » qui rentrait tout à coup dans la carrière.

>   A quoi bon réveiller ton ardeur famélique ?
>   Poursuis par les prés verts ta chaste bucolique !
>   Sur le rivage en fleur où dort le flot vermeil,
>   Archange enivre-toi des feux de ton soleil !
>   Chante la Syphilis sous les feuilles du saule !
>   Le manteau de Brutus te blesserait l'épaule,
>   Et ton âme naïve et ton cœur enfantin
>   Viendraient, peut-être encore, accuser le Destin !
>   Le Destin qui t'a pris . . . .
> . . . .
>   Va ! c'est l'âpre Plutus qui marche la main pleine
>   Et cote en souriant la conscience humaine !
>   Le Destin ! c'est le sac dont le ventre enflé d'or
>   Est si doux à palper dans un joyeux transport ;
>   C'est la Corruption qui, des monts aux vallées,
>   Traîne aux regards de tous ses mamelles gonflées !
>   C'est la Peur ! c'est la Peur ! fantôme au pied léger
>   Qui travaille le lâche à l'heure du danger !
> . . . .
>   Ton Apollon, sans doute, eu sa prudente course
>   Pour monter au Parnasse a passé par la Bourse ?
>   Dans ce ciel politique, où souvent on peut voir
>   Le soleil du matin s'éteindre avant le soir,
>   La lunette en arrêt, promènes-tu ton rêve

> De Guizot qui pâlit à Thiers qui se lève,
> Et, sur le temps mobile, aujourd'hui règles-tu
> Ta foi barométrique et ta souple vertu ?
>
> . . . .
>
> Arrière l'homme grec dont les strophes serviles
> Ont encensé Xerxès le soir des Thermopyles !

et la suite, du même ton, rudoyait fort le ministère.

Il avait envoyé cette pièce à la *Réforme*, dans l'illusion qu'elle serait insérée. On lui répondit par un refus catégorique, le journal jugeant inopportun de s'exposer à un procès — pour de la littérature.

Ce fut dans ce temps-là, vers la fin de 1845, à la mort de mon père, que Bouilhet quitta définitivement la médecine. Il continua son métier de répétiteur, puis, s'associant à un camarade, se mit à faire des bacheliers. 1848 ébranla sa foi républicaine ; et il devint un littérateur absolu, curieux seulement de métaphores, de comparaisons, d'images, et pour tout le reste, assez froid.

Sa connaissance profonde du latin (il écrivait dans cette langue presque aussi facilement qu'en français) lui inspira quelques-unes des pièces romaines qui sont dans *Festons et Astragales*; puis le poème de *Melœnis* publié par la *Revue de Paris*, à la veille du coup d'État.

Le moment était funeste pour les vers. Les imaginations, comme les courages, se trouvaient singulièrement aplaties, et le public, pas plus que le pouvoir, n'était disposé à permettre l'indépendance de l'esprit. D'ailleurs, le style, l'art en soi, paraît toujours insurrectionnel aux gouvernements et immoral aux bourgeois. Ce fut la mode, plus que jamais, d'exalter le sens commun et de honnir la poésie ; pour vouloir montrer du jugement, on se rua dans la sottise; tout ce qui n'était pas médiocre ennuyait. Par protestation, se réfugia vers les mondes disparus et dans l'extrême Orient; de là les *Fossiles* et différentes pièces chinoises.

Cependant la province l'étouffait. Il avait besoin d'un plus large milieu, et, s'arrachant à ses affections, il vint habiter Paris.

Mais à un certain âge, le *sens* de Paris ne s'acquiert plus ; des choses toutes simples, pour celui qui a humé, enfant, l'air du boulevard, sont impraticables à un homme de trente-trois ans, qui arrive dans la grande ville avec peu de relations, pas de rentes et l'inexpérience de la solitude. Alors de mauvais jours commencèrent.

Sa première œuvre, *Madame de Montarcy*, reçue à correction par le Théâtre-Français, puis refusée à une seconde lecture, attendit pendant deux ans, et ne parvint sur la scène de l'Odéon qu'au mois de novembre 1856.

Ce fut une représentation splendide. Dès le second acte les bravos interrompirent souvent les acteurs; un souffle de jeunesse circulait dans la salle; on eut quelque chose des émotions de 1830. Le succès se confirma. Son nom était connu.

Il aurait pu l'exploiter, collaborer, se répandre, gagner de l'argent. Mais il s'éloigna du bruit, pour aller vivre à Mantes dans une petite maison, à l'angle du pont, près d'une vieille tour. Ses amis venaient le voir le dimanche; sa pièce terminée, il la portait à Paris.

Il en revenait chaque fois avec une extrême lassitude, causée par les caprices des directeurs, les chicanes de la censure, l'ajournement des rendez-vous, le temps perdu, — ne comprenant pas que l'Art dans les questions d'art pût tenir si peu de place! Quand il fit partie d'une commission nommée pour détruire les abus au Théâtre-Français, il fut le seul de tous les membres qui n'articula pas de plaintes sur le tarif des droits d'auteur.

Avec quel plaisir il se remettait à sa distraction quotidienne : l'apprentissage du chinois, car il l'étudia pendant dix ans de suite, uniquement pour se pénétrer du génie de la race, voulant faire plus tard un grand poème sur le Céleste Empire ; ou bien, les jours que le cœur étouffait trop, il se soulageait par des vers lyriques de la contrainte du théâtre.

La chance, favorable à ses débuts, avait tourné ; mais la *Conjuration d'Amboise* fut une revanche qui dura tout un hiver.

Six mois plus tard, la place de conservateur à la bibliothèque municipale de Rouen lui fut donnée. C'était le loisir et la fortune, un rêve ancien qui se réalisait. Presque aussitôt, une langueur le saisit — épuisement de sa lutte trop longue. Pour s'en distraire, il essaya de différents travaux, il annotait Dubartas, relevait dans Origène les passages de Celse, avait repris les tragiques grecs, et il composa rapidement sa dernière pièce, *Mademoiselle Aïssé*.

Il n'eut pas le temps de la relire. Son mal (une albuminurie connue trop tard) était irrémédiable, et, le 18 juillet 1869, il expira sans douleur, ayant près de lui une vieille amie de sa jeunesse, avec un enfant qui n'était pas le sien, et qu'il chérissait comme son fils.

Leur tendresse avait redoublé pendant les derniers jours. Mais deux autres personnes se montrèrent simplement atroces — comme pour confirmer cette règle qui veut que les poètes trouvent dans leur famille les plus amers découragements; car les observations énervantes, les sarcasmes mielleux, l'outrage direct fait à la Muse, tout ce qui renfonce dans le désespoir, tout ce qui vous blesse au cœur, rien ne lui a manqué — jusqu'à l'empiétement sur la conscience, jusqu'au viol de l'agonie!

Ses compatriotes se portèrent à ses funérailles comme à l'enterrement des hommes publics, les moins lettrés comprenant qu'une intelligence supérieure venait de s'éteindre, qu'une grande force était perdue. La presse parisienne tout entière s'associa à cette douleur; les plus hostiles même n'épargnèrent pas les regrets; ce fut comme une couronne envoyée de loin sur son tombeau. Un écrivain catholique y jeta de la fange.

Sans doute, les connaisseurs de vers doivent déplorer qu'une lyre pareille soit muette pour toujours; mais ceux qu'il avait initiés à ses plans, qui profitèrent de ses conseils, qui enfin connaissaient toute la puissance de son esprit, peuvent seuls se figurer à quelle hauteur il serait parvenu.

Il laisse, outre ce volume et *Aïssé*, trois comédies en prose, une féerie, et le premier acte du *Pèlerinage de Saint-Jacques*, drame en vers et en dix tableaux.

Il avait en projet deux petits poèmes : l'un intitulé *le Bœuf*, pour peindre la vie rustique du Latium; l'autre, *le Dernier Banquet*, aurait fait voir un cénacle de patriciens qui, pendant la nuit où les soldats d'Alaric vont prendre Rome, s'empoisonnent tous dans un festin, en disant la grandeur de l'antiquité et la petitesse du monde moderne. De plus, il voulait faire un roman sur les païens du v° siècle, contre-partie des *Martyrs*, mais avant tout son conte chinois, dont le scénario est complètement écrit; enfin, comme ambition suprême, un poème résumant la science moderne et qui aurait été le *de Naturâ rerum* de notre âge.

III

A qui appartient-il de classer les talents des contemporains, comme si on était supérieur à tous, de dire : Celui-ci est le premier, celui-là le second, cet autre le troisième? Les revirements de la célébrité sont nombreux. Il y a des chutes sans retour, de longues éclipses, des réapparitions triomphantes. Ronsard, avant Sainte-Beuve, n'était-il pas oublié ? Autrefois Saint-Amant passait pour un moindre poète que Jacques Delille. *Don Quichotte, Gil Blas, Manon Lescaut, la cousine Bette* et tous les chefs-d'œuvre du roman n'ont pas eu le succès de *l'Oncle Tom*. J'ai entendu dans ma jeunesse faire des parallèles entre Casimir Delavigne et Victor Hugo ; et il semble que « notre grand poëte national » commence à déchoir. Donc il convient d'être timide. La postérité nous déjuge. Elle rira peut-être de nos dénigrements, plus encore de nos admirations ; — car la gloire d'un écrivain ne relève pas du suffrage universel, mais d'un petit groupe d'intelligences qui, à la longue, impose son jugement.

Quelques-uns vont se récrier que je décerne à mon ami une place trop haute. Ils ne savent pas plus que moi celle qui lui restera.

Parce que son premier ouvrage est écrit en stances de six vers, à rimes triplées, comme *Namouna*, et débute ainsi :

> De tous ceux qui jamais ont promené dans Rome,
> Du quartier de Suburre au mont Capitolin,
> Le cothurne à la grecque et la toge de lin,
> Le plus beau fut Paulus.

tournure pareille à cette autre :

> De tous les débauchés de la ville du monde
> Où le libertinage est à meilleur marché,
> De la plus vieille en vice et de la plus féconde
> Je veux dire Paris, le plus grand débauché
> C'était Jacques Rolla.

Sans rien voir de plus, et méconnaissant toutes les différences de facture, de poétique et de tempérament, on a déclaré que l'auteur de *Mélœnis* copiait Alfred de Musset! Ce fut une condamnation sans appel, une rengaine — tant il est commode de poser sur les choses une étiquette pour se dispenser d'y revenir.

Je voudrais bien n'avoir pas l'air d'insulter les dieux. Mais qu'on m'indique, chez Musset, un ensemble quelconque où la description, le dialogue et l'intrigue s'enchaînent pendant plus de deux mille vers, avec une telle suite de composition et une pareille tenue dans le langage, une œuvre enfin de cette envergure-là ? Quel art il a fallu pour reproduire toute la société romaine d'une manière qui ne sentît pas le pédant, et dans les bornes étroites d'une fable dramatique !

Si l'on cherche dans les poésies de Louis Bouilhet l'idée mère, l'élément génial, on y trouvera une sorte de naturalisme, qui fait songer à la Renaissance. Sa haine du commun l'écartait de toute platitude, sa pente vers l'héroïque était rectifiée par de l'esprit; car il avait beaucoup d'esprit, — et c'est même une face de son talent presque inconnue ; il la tenait un peu dans l'ombre, la jugeant inférieure. Mais, à présent, rien n'empêche d'avouer qu'il excellait aux épigrammes, quatrains, acrostiches, rondeaux, bouts-rimés et autres « joyeusetés » faites par distraction comme débauche. Il en faisait aussi par complaisance. Je retrouve des discours officiels pour des fonctionnaires, des compliments de jour de l'an pour une petite fille, des stances pour un coiffeur, pour le baptême d'une cloche, pour le passage d'un souverain. Il dédia à un de nos amis, blessé en 1848, une ode sur le patron de *la prise de Namur* où l'emphase atteint au sublime de l'ennui. Un autre ayant abattu d'un coup de fouet une vipère, il lui expédia un morceau intitulé : *Lutte d'un monstre et d'un artiste français*, qui contient assez de tournures poncives, de métaphores boiteuses et de périphrases idiotes pour servir de modèle ou d'épouvantail. Mais son triomphe c'était le genre Béranger ! Quelques intimes se rappelleront éternellement *le Bonnet de coton*, un chef-d'œuvre célébrant « la gloire, les belles et la philosophie », à faire crever d'émulation tous les membres du Caveau !

Il avait le don de l'amusement — chose rare

chez un poète. Que l'on oppose les pièces chinoises aux pièces romaines, *Néera* au *Liedenormand*, *Pastel* à *Clair de lune*, *Chronique de printemps* à *Sombre Eglogue*, *le Navire* à *une Soirée*, et on reconnaîtra combien il était fertile et ingénieux.

Il a dramatisé toutes les passions, dit les plaintes de la momie, les triomphes du néant, la tristesse des pierres, exhumé des mondes, peint des peuples barbares, fait des paysages de la Bible et des chants de nourrices. Quant à la hauteur de son imagination, elle paraît suffisamment prouvée par les *Fossiles*, cette œuvre que Théophile Gautier appelait « la plus difficile peut-être, qu'ait tentée un poète » ! j'ajoute : le seul poème scientifique de toute la littérature française qui soit cependant de la poésie. Les stances à la fin sur l'homme futur montrent de quelle façon il comprenait les plus transcendantes utopies ; — et sa *Colombe* restera peut-être comme la profession de foi historique du xixe siècle en matière religieuse. A travers cette sympathie universelle, son individualité perce nettement ; elle se manifeste par des accents lugubres ou ironiques dans *Dernière Nuit*,

A une femme, Quand vous m'avez quitté, boudeuse, etc., tandis qu'elle éclate d'une manière presque sauvage dans *la Fleur rouge*, ce cri unique et suraigu.

Sa forme est bien à lui, sans parti pris d'école, sans recherche de l'effet, souple et véhémente, pleine et imagée, musicale toujours. La moindre de ses pièces a une composition. Les rejets, les entrelacements, les rimes, tous les secrets de la métrique, il les possède ; aussi son œuvre fourmille-t-elle de bons vers, de ces vers tout d'une venue et qui sont bons partout, dans *le Lutrin* comme dans *les Châtiments*. Je prends au hasard :

— S'allonge en crocodile et finit en oiseau [1]. »
— Un grand ours au poil brun, coiffé d'un casque d'or.
— C'était un muletier qui venait de Capoue.
— Le ciel était tout bleu, comme une mer tranquille.
— Mille choses qu'on voit dans le hasard des foules.

Et celui-ci pour la sainte Vierge :

Pâle éternellement d'avoir porté son Dieu.

Car il est classique, dans un certain sens.

---

1. Pour décrire un ptérodactyle.

PRÉFACE AUX DERNIÈRES CHANSONS.

L'Oncle Million entre autres, n'est-il pas d'un français excellent?

> Des vers ! écrire en vers. Mais c'est une folie !
> J'en sais de moins timbrés qu'on enferme et qu'on lie !
> Morbleu ! qui parle en vers ? la belle invention !
> Est-ce que j'en fais, moi ? l'imagination,
> Est-ce que j'en ai, moi ? Fils de mes propres œuvres,
> Il m'a fallu, mon cher, avaler des couleuvres
> Pour te donner un jour le plaisir émouvant
> De guetter, lyre en main, l'endroit d'où vient le vent !
> Ces frivolités-là sagement entendues
> Sont bonnes, si l'on veut, à nos heures perdues ;
> Moi-même, j'ai connu dans une autre maison
> Un commis bon enfant qui tournait la chanson.
>
> . . . .

et plus loin :

> Mais je dis que Léon n'est pas même un poëte !
> Lui, poëte, allons donc ! que me chantez-vous là,
> Moi qui l'ai vu chez nous, pas plus haut que cela !
> Comment ? qu'a-t-il en lui qui passe l'ordinaire ;
> C'est un écervelé, c'est un visionnaire,
> C'est un simple idiot, et je vous réponds, moi,
> Qu'il fera le commerce, ou qu'il dira pourquoi !

Voilà un style qui va droit au but, où l'on ne sent pas l'auteur ; le mot disparaît dans la clarté même de l'idée, ou plutôt, se collant dessus, ne l'embarrasse dans aucun de ses mouvements, et se prête à l'action.

Mais on m'objectera que toutes ces qualités sont perdues à la scène, bref qu'il : « n'entendait pas le théâtre ! »

Les soixante-dix-huit représentations de *Montarcy*, les quatre-vingts d'*Hélène Peyron* et les cent cinq de *la Conjuration d'Amboise*, témoignent du contraire. Puis il faudrait savoir ce qui convient au théâtre — et d'abord reconnaître qu'une question y domine toutes les autres : celle du succès, du succès immédiat et lucratif.

Les plus expérimentés s'y trompent — ne pouvant suivre assez promptement les variations de la mode. Autrefois on allait au spectacle pour entendre de belles pensées en beau langage ; vers 1830, on a aimé la passion furieuse, le rugissement à l'état fixe ; plus tard, une action si rapide que les héros n'avaient pas le temps de parler ; ensuite la thèse, le but social ; après quoi est venue la rage des traits d'esprit ; et maintenant toute faveur semble acquise à la reproduction des plus niaises vulgarités.

Certainement Bouilhet estimait peu les thèses, il avait en horreur « les mots », il aimait les développements et considérait le réalisme, ou ce qu'on nomme ainsi, comme une chose fort laide.

Les grands effets ne pouvant s'obtenir par les demi-teintes, il préférait les caractères tranchés, les situations violentes, et c'est pour cela qu'il était bien un poète tragique.

Son intrigue faiblit, quelquefois, par le milieu. Mais dans les pièces en vers, si elle était plus serrée, elle étoufferait toute poésie. Sous ce rapport, du reste, *la Conjuration d'Amboise* et *Mademoiselle Aïssé* marquent un progrès ; — et, pour qu'on ne m'accuse pas d'aveuglement, je blâme dans *Madame de Montarcy* le caractère de Louis XIV trop idéalisé, dans *l'Oncle Million* la feinte maladie du notaire, dans *Hélène Peyron* des longueurs à l'avant-dernière scène du 4ᵉ acte, et dans *Dolorès* le défaut d'harmonie entre le vague du milieu et la précision du style ; enfin ses personnages parlent trop souvent en poètes, ce qui ne l'empêchait pas de savoir amener les coups de théâtre, exemples : la réapparition de Marceline chez M. Daubret, l'entrée de dom Pèdre au 3ᵉ acte de *Dolorès*, la comtesse de Brisson dans le cachot, le commandeur à la fin d'*Aïssé*, et Cassius revenant comme un spectre chez l'impératrice *Faustine*. On a été injuste pour cette œuvre. On n'a pas compris, non plus, l'atticisme de *l'Oncle Million*, la mieux écrite peut-être de toutes ses pièces, comme *Faustine* en est la plus rigoureusement combinée.

Elles sont toutes, au dénoûment, d'un large pathétique, animées d'un bout à l'autre par une passion vraie, pleines de choses exquises et fortes. Et comme il est bien fait pour la voix, cet hexamètre mâle, avec ses mots qui donnent le frisson, et ces élans cornéliens pareils à de grands coups d'aile !

C'est le ton épique de ses drames qui causait l'enthousiasme aux premières représentations. Du reste, ces triomphes l'enivraient fort peu, car il se disait que les plus hautes parties d'une œuvre ne sont pas toujours les mieux comprises, et qu'il pouvait avoir réussi par des côtés inférieurs.

S'il avait fait en prose absolument les mêmes pièces, on eût, peut-être, exalté son génie dramatique. Mais il eut l'infortune de se servir d'un idiome détesté généralement. On a dit d'abord : « pas de comédie en vers ! » plus tard : « pas de vers en habit noir ! » pour en venir à cet axiome : « pas de vers au théâtre ! » quand il est si simple de confesser qu'on n'en désire nulle part.

Mais c'était sa véritable langue. Il ne traduisait pas de la prose. Il pensait par les rimes — et les aimait tellement qu'il en lisait de toutes les sortes, avec une attention égale. Quand on adore une chose, on en chérit la doublure; les amateurs de spectacle se plaisent dans les coulisses; les gourmands s'amusent à voir faire la cuisine; les mères ne rechignent pas à débarbouiller leurs marmots. La désillusion est le propre des faibles. Méfiez-vous des dégoûtés; ce sont presque toujours des impuissants.

IV

Lui, — il pensait que l'Art est une chose sérieuse, ayant pour but de produire une exaltation vague, et même que c'est là toute sa moralité. J'extrais d'un cahier de notes les trois passages suivants :

« Dans la poésie, il ne faut pas considérer si les mœurs sont vertueuses, mais si elles sont pareilles à celles de la personne qu'elle introduit. Aussi nous décrit-elle indifféremment les bonnes et les mauvaises actions, sans nous proposer les dernières pour exemple. »

Pierre Corneille.

« L'Art, dans ses créations, ne doit penser à plaire qu'aux facultés qui ont vraiment le droit de le juger. S'il fait autrement, il marche dans une voie fausse. »

GŒTHE.

« Toutes les beautés intellectuelles qui s'y trouvent (dans un beau style), tous les rapports dont il est composé, sont autant de vérités aussi utiles, et peut-être plus précieuses pour l'esprit public que celles qui peuvent faire le fond du sujet. »

BUFFON.

Ainsi l'Art, ayant sa propre raison en lui-même, ne doit pas être considéré comme un moyen. Malgré tout le génie que l'on mettra dans le développement de telle fable prise pour exemple, une autre fable pourra servir de preuve contraire; car les dénoûments ne sont point des conclusions; d'un cas particulier il ne faut rien induire de général; — et les gens qui se croient par là progressifs vont à l'encontre de la science moderne, laquelle exige qu'on amasse beaucoup de faits avant d'établir une loi. Aussi Bouilhet se gardait-il de *l'art prêcheur* qui veut enseigner, corriger, moraliser. Il estimait encore moins *l'art joujou* qui cherche à distraire comme les cartes, ou à émouvoir comme la cour d'assises ; et il n'a point fait de *l'art démocratique*, convaincu que la forme, pour être accessible à tous, doit descendre très bas, et qu'aux époques civilisées on devient niais lorsqu'on essaye d'être naïf. Quant à *l'art officiel*, il en a repoussé les avantages, parce qu'il aurait fallu défendre des causes qui ne sont pas éternelles.

Fuyant les paradoxes, les nosographies, les curiosités, tous les petits chemins, il prenait la grande route, c'est-à-dire les sentiments généraux, les côtés immuables de l'âme humaine. et, comme « les idées forment le fond du style », il tâchait de bien penser, afin de bien écrire.

Jamais il n'a dit :

> Le mélodrame est bon, si Margot a pleuré.

lui qui a fait des drames où l'on a pleuré, ne croyant pas que l'émotion pût remplacer l'artifice.

Il détestait cette maxime nouvelle qu' « il faut écrire comme on parle ». En effet, le soin donné à un ouvrage, les longues recherches, le temps, les peines, ce qui autrefois était une recommandation est devenu un ridicule — tant on est supérieur à tout cela, tant on regorge de génie et de facilité!

Il n'en manquait pas, cependant : ses acteurs l'ont vu faire au milieu d'eux des retouches considérables. « L'inspiration, disait-il, doit être amenée et non subie. »

La plastique étant la qualité première de l'Art, il donnait à ses conceptions le plus de relief possible, suivant le même Buffon qui conseille d'exprimer chaque idée par une image. Mais les bourgeois trouvent, dans leur spiritualisme, que la couleur est une chose trop matérielle pour rendre le sentiment; — et puis le bon sens français, d'aplomb sur son paisible bidet, tremble d'être emporté dans les cieux, et crie à chaque minute : « Trop de métaphores! » comme s'il en avait à revendre.

Peu d'auteurs ont autant pris garde au choix des mots, à la variété des tournures, aux transitions — et il n'accordait pas le titre d'écrivain à celui qui ne possède que certaines parties du style. Combien des plus vantés seraient inca-

pables de faire une narration, de joindre bout
à bout une analyse, un portrait et un dialogue !

Il s'enivrait du rhythme des vers et de la cadence de la prose qui doit, comme eux, pouvoir être lue tout haut. Les phrases mal écrites ne résistent pas à cette épreuve; elles oppressent la poitrine, gênent les battements du cœur, et se trouvent ainsi en dehors des conditions de la vie.

Son libéralisme lui faisait admettre toutes les écoles; Shakespeare et Boileau se coudoyaient sur sa table.

Ce qu'il préférait chez les Grecs, c'était l'*Odyssée* d'abord, puis l'immense Aristophane, et parmi les latins, non pas les auteurs du temps d'Auguste (excepté Virgile), mais les autres qui ont quelque chose de plus roide et de plus ronflant, comme Tacite et Juvénal. Il avait beaucoup étudié Apulée.

Il lisait Rabelais continuellement, aimait Corneille et Lafontaine — et tout son romantisme ne l'empêchait pas d'exalter Voltaire.

Mais il haïssait les discours d'académie, les apostrophes à Dieu, les conseils au peuple, ce qui sent l'égout, ce qui pue la vanille, la poésie de bouzingot, et la littérature talon-rouge, le genre pontifical et le genre chemisier.

Beaucoup d'élégances lui étaient absolument étrangères, telles que l'idolâtrie du xvii siècle, l'admiration du style de Calvin, le gémissement continu sur la décadence des arts. Il respectait fort peu M. de Maistre. Il n'était pas ébloui par Proud'hon.

Les esprits sobres, selon lui, n'étaient rien que des esprits pauvres ; et il avait en horreur le faux bon goût, plus exécrable que le mauvais, toutes les discussions sur le Beau, le caquetage de la critique. Il se serait pendu plutôt que d'écrire une préface. Voici qui en dira plus long; c'est une page d'un calepin ayant pour titre *Notes et projets* — Projets !

« Ce siècle est essentiellement pédadogue. Il n'y a pas de grimaud qui ne débite sa harangue, pas de livre si piètre qui ne s'érige en chaire à prêcher ! Quant à la forme, on la proscrit. S'il vous arrive de bien écrire, on vous accuse de n'avoir pas d'idées. Pas d'idées, bon Dieu ! Il faut être bien sot, en effet, pour s'en passer au prix qu'elles coûtent. La recette est simple ; avec deux ou trois mots : « avenir, progrès, société, » fussiez-vous Topinambou, vous êtes poète ! Tâche commode qui encourage les imbéciles et console les envieux. O médiocratie fétide, poésie utilitaire, littérature de pions, bavardages esthétiques, vomissements économiques, produits scrofuleux d'une nation épuisée, je vous exècre de toutes les puissances de mon âme ! Vous n'êtes pas la grangrène, vous êtes l'atrophie ! Vous n'êtes pas le phlegmon rouge et chaud des époques fiévreuses, mais l'abcès froid aux bords pâles, qui descend, comme d'une source, de quelque carie profonde ! »

Au lendemain de sa mort, Théophile Gautier écrivait : « Il portait haut la vieille bannière déchirée en tant de combats, on peut s'y rouler comme dans un linceul. La valeureuse bande d'Hernani a vécu. »

Cela est vrai. Ce fut une existence complètement dévouée à l'idéal, un des rares desservants de la littérature pour elle-même, derniers fanatiques d'une religion près de s'éteindre — ou éteinte.

« Génie de second ordre, » dira-t-on. Mais

ceux du quatrième ne sont pas maintenant si communs! Regardez comme le désert s'élargit! un souffle de bêtise, une trombe de vulgarité nous enveloppe, prêt à recouvrir toute élévation, toute délicatesse. On se sent heureux de ne plus respecter les grands hommes, et peut-être allons-nous perdre avec la tradition littéraire ce je ne sais quoi d'aérien qui mettait dans la vie quelque chose de plus haut qu'elle. — Pour faire des œuvres durables, il ne faut pas rire de la gloire. Un peu d'esprit se gagne par la culture de l'imagination et beaucoup de noblesse dans le spectacle des belles choses.

Et puisqu'on demande à propos de tout une moralité, voici la mienne :

Y a-t-il quelque part deux jeunes gens qui passent leurs dimanches à lire ensemble les poètes, à se communiquer ce qu'ils ont fait, les plans des ouvrages qu'ils voudraient écrire, les comparaisons qui leur sont venues, une phrase, un mot, — et, bien que dédaigneux du reste, cachant cette passion avec une pudeur de vierge, je leur donne un conseil :

Allez côte à côte dans les bois, en déclamant

des vers, mêlant votre âme à la sève des arbres et à l'éternité des chefs-d'œuvre, perdez-vous dans les rêveries de l'histoire, dans les stupéfactions du sublime! Usez votre jeunesse aux bras de la Muse! Son amour console des autres, et les remplace.

Enfin, si les accidents du monde, dès qu'ils sont perçus, vous apparaissent transposés comme pour l'emploi d'une illusion à décrire, tellement que toutes les choses, y compris votre existence, ne vous sembleront pas avoir d'autre utilité, et que vous soyez résolus à toutes les avanies, prêts à tous les sacrifices, cuirassés à toute épreuve, lancez-vous, publiez!

Alors, quoi qu'il advienne, vous verrez les misères de vos rivaux sans indignation et leur gloire sans envie; car le moins favorisé se consolera par le succès du plus heureux; celui dont les nerfs sont robustes soutiendra le compagnon qui se décourage; chacun apportera dans la communauté ses acquisitions particulières; et ce contrôle réciproque empêchera l'orgueil et ajournera la décadence.

Puis, quand l'un sera mort — car la vie était trop belle — que l'autre garde précieusement sa mémoire pour lui faire un rempart contre les bassesses, un recours dans les défaillances, ou plutôt comme un oratoire domestique où il ira murmurer ses chagrins et détendre son cœur. Que de fois, la nuit, jetant les yeux dans les ténèbres, derrière cette lampe qui éclairait leurs deux fronts, il cherchera vaguement une ombre prêt à l'interroger : « Est-ce ainsi ? que dois-je faire ? réponds-moi ! » — Et si ce souvenir est l'éternel aliment de son désespoir, ce sera, du moins, une compagnie dans sa solitude.

Gustave Flaubert.

20 Juin 1870.

LETTRE

AU

CONSEIL MUNICIPAL

DE ROUEN

MESSIEURS,

A la majorité de treize voix contre onze (y compris celles de M. le Maire et de ses six Adjoints), vous avez rejeté l'offre que je vous faisais d'édifier *gratis*, sur une des places ou dans une des rues de la ville, à votre choix, une petite fontaine ornée du buste de Louis Bouilhet.

Comme je suis le mandataire des personnes qui m'ont confié leur argent à cette seule intention, je dois protester, par devers le public, contre ce refus, c'est-à-dire répondre aux objections émises dans votre séance du 8 décembre dernier, dont le compte rendu analytique a paru dans les journaux de Rouen, le 18 du même mois.

Elles se réduisent à quatre motifs principaux :

1° Le Comité des souscripteurs aurait changé la destination du monument;
2° Il y aurait péril pour le budget municipal;
3° Bouilhet n'est pas né à Rouen;
4° Son mérite littéraire est insuffisant.

PREMIÈRE OBJECTION. — (Je copie les termes mêmes du compte rendu.) « *Appartient-il au Comité de modifier l'œuvre et de substituer une fontaine à un tombeau ? On peut se demander si tous les souscripteurs accepteraient cette transformation ?* »

Nous n'avons rien modifié, Messieurs; la première idée d'un *monument* (terme vague ne signifiant pas tout à fait tombeau) est due à l'ancien Préfet de la Seine-Inférieure, M. le baron Ernest Leroy, qui m'en fit part à moi-même, pendant la cérémonie des funérailles.

Aussitôt des listes de souscription furent ouvertes. J'y vois des noms de toute sorte et de toute provenance : une Altesse impériale, plusieurs anonymes, George Sand, Alexandre Dumas fils, le grand écrivain russe Tourgueneff, Harisse, journaliste à New-York, etc. La Comédie française s'y trouve représentée par Mmes Plessy, Favart, Brohan et M. Bressant, l'Opéra par M. Faure et Mlle Nillson ; bref, au bout de six mois, nous pouvions disposer d'environ 14,000 francs, sans compter que le marbre nous était promis par le ministère des Beaux-Arts, et que le statuaire, choisi par nous, renonçait d'avance à toute rémunération.

Tous ces gens-là, grands ou petits, illustres ou inconnus, n'ont pas donné leur temps, leur talent ou leur argent pour construire dans un cimetière (que la plupart n'auront jamais l'occasion de visiter) un tombeau aussi dispendieux, un de ces édicules grotesques où l'orgueil tâche d'empiéter sur le néant — et qui sont contraires à l'esprit de toute religion comme de toute philosophie.

Non, Messieurs! les souscripteurs voulaient une chose moins inutile, — et plus morale : c'est qu'en passant dans les rues, près de l'image de Bouilhet, chacun d'eux pût se dire : « Voici un homme qui, en ce siècle de gros sous, consacra toute sa vie au culte des lettres. L'hommage qu'on lui a rendu après sa mort n'est qu'une justice! J'ai contribué pour ma part à cette réparation et à cet enseignement. »

Telle fut leur pensée. Ils n'en eurent pas d'autres. D'ailleurs, qu'en savez-vous? Qui vous a chargé de les défendre?

Mais, le Conseil municipal, ayant cru, dit-il, à un tombeau, nous a donné dix mètres de terrain, et de plus s'est inscrit pour 500 francs. Puisque son vote implique une récrimination, nous refusons son argent. Qu'il garde ses 500 francs!

Quant au terrain, nous sommes tout prêts à vous l'acheter. Quel est-votre prix?

En voilà assez sur votre première objection.

La seconde est inspirée par une prudence excessive. « *S'il (le Comité de souscription) se trompait dans ses devis, la ville ne pourrait le laisser inachevé (le monument), et elle doit, dès à présent, prévoir qu'elle prendrait implicitement l'obligation de suppléer à l'insuffisance des ressources, le cas échéant.* »

Mais notre devis eût été soumis à votre architecte ; et si nos ressources se fussent trouvées insuffisantes, le Comité (cela va sans dire) eût fait un appel de fonds aux souscripteurs, ou plutôt il les eût lui-même fournis. Nous sommes tous assez riches pour tenir à notre parole.

L'excès de votre inquiétude manque peut-être de politesse.

TROISIÈME OBJECTION. — « *Bouilhet n'est pas né à Rouen !* »

Cependant le rapport de M. Decorde l'appelle : « un des nôtres ! » et, après la *Conjuration d'Amboise*, l'ancien Maire de Rouen, M. Verdrel, dans un banquet qui fut offert à Bouilhet, lui adressa les plus flatteuses comparaisons en l'appelant une des gloires de Rouen. Pendant quelques années, ce fut même une des *scies* de la petite presse parisienne que de se moquer de l'enthousiasme des Rouennais pour Bouilhet. Le *Charivari* publia une caricature où Hélène Peyron recevait les hommages des Rouennais lui apportant du sucre de pomme et des cheminots; dans une autre, moi indigne, j'étais représenté conduisant « le char des Rouennais ».

N'importe! d'après vous, Messieurs, il s'ensuivrait que si un homme éminent est né dans un village de trente cabanes, il faudrait lui élever un monument dans ce village, plutôt que dans le chef-lieu de son département?

Pourquoi pas dans le faubourg, dans la rue, dans la maison, dans la chambre même où il est né?

Et si l'on ne connaît pas l'endroit de sa naissance (l'histoire là-dessus n'est pas toujours décisive), que ferez-vous? Rien, n'est-ce pas?

QUATRIÈME OBJECTION. — « *Son mérite littéraire!* »

Et, à ce propos, je trouve dans le compte rendu de bien grosses paroles. — « *Question de convenance* et *question de principes.* » — Il y aurait danger. « *Ce serait une glorification excessive, une haute distinction, un hommage prématuré, un hommage suprême,* » et «*qui ne doit s'accorder qu'avec une extrême réserve;* » enfin, « *Rouen est un piédestal trop grand pour sa gloire!* »

En effet, on n'a pas décerné pareil triomphe :

1° A l'excellent M. Pottier, « qui a rendu à la Bibliothèque de la ville des services bien plus signalés. » (Sans doute! comme s'il s'agissait de votre Bibliothèque!) — Ni 2° à Hyacinthe Langlois! Celui-là, Messieurs, je l'ai connu, et mieux que vous tous. Ne relevez pas cette mémoire! Ne parlez jamais de ce noble artiste! Sa vie a été une honte pour ses concitoyens.

Maintenant, il est vrai, vous l'appelez « une grande illustration normande »; et, distribuant la gloire d'une manière toute fantaisiste, vous citez « parmi les illustrations dont peut s'honorer notre ville » (elle le peut, mais elle ne le fait pas toujours) P. Corneille (Corneille, une illustration? décidément vous êtes sévère!), puis, pêle-mêle, Boïeldieu, Lemonnier, Fontenelle et M. Court! — en oubliant Géricault, le père de la peinture moderne; Saint-Amant, un grand poëte ; Boisguilbert, premier économiste de la France ; Cavelier de La Salle, qui découvrit les embouchures du Mississipi ; Louis Poterat, l'inventeur de la porcelaine en Europe, et d'autres!

Que vos prédécesseurs aient oublié de rendre des « hommages suprêmes, excessifs, suffisants », ou même aucune espèce d'hommage à ces « illustrations », telles que Samuel Bochart, par exemple, laissant la ville de Caen baptiser de ce nom une de ses rues ; cela est incontestable ! — mais une injustice antérieure doit-elle autoriser les subséquentes ?

Il est vrai que Rabelais, Montaigne, Ronsard, Pascal, La Bruyère, Le Sage, Diderot, Vauvenargues, Lamennais, Alex. Dumas et Balzac n'ont dans leur pays natal rien qui les rappelle, tandis qu'on peut voir à Nogent-le-Rotrou la statue du général de Saint-Pol ; à Gisors, celle du général Blanmont ; à Pontoise, celle du général Leclerc ; à Avranches, celle du général Valhubert ; à Lyon, celle de M. Vaïsse ; à Nantes, celle de M. Billault ; à Deauville, celle de M. de de Morny ; au Havre, celle d'Ancelot ; à Valence, celle de Ponsard ; dans un jardin public, à Vire, le buste colossal de Chênedollé ; à Séez, en face de la cathédrale, une statue superbe érigée à Conté, célèbre par ses crayons, etc.

Cela est fort bien, si les deniers publics n'en ont pas souffert. Ceux qui aiment la gloire doivent la payer; que les particuliers qui veulent rendre des honneurs à quelqu'un les lui rendent à leurs frais.

Et c'est là l'exemple, le précédent même que nous voulions établir.

Votre devoir d'édiles — du moment que vos finances ne risquaient rien — était de prendre vis-à-vis de nous des garanties d'exécution. Avec le droit absolu de choisir l'emplacement de notre fontaine, vous aviez celui de refuser notre sculpteur et même d'exiger un concours.

Loin de là, vous vous préoccupez du succès hypothétique de *Mademoiselle Aïssé*.

« *Si ce drame n'était pas applaudi, l'exécution d'un monument public élevé à son mérite littéraire* (le mérite de Bouilhet) *n'en recevrait-il pas un contre-coup?*

Et M. Nion (l'adjoint chargé spécialement des Beaux-Arts) trouve que si, par malheur, ce

drame tombait, l'adoption de la mesure proposée serait de la part du Conseil municipal
« une témérité ».

Donc il s'agit, tout bonnement et sans ambages, de connaître à l'avance le chiffre des recettes ! Si la pièce fait de l'argent, Bouilhet est un grand homme ; si elle tombe, halte-là ! Noble théorie.

Mais la réussite immédiate d'une œuvre dramatique ne signifie rien quant à sa valeur. *L'Avare*, de Molière, eut quatre représentations ; l'*Athalie*, de Racine, et le *Barbier de Séville*, de Rossini, furent sifflés. Les exemples surabondent.

Rassurez-vous ; du reste, *Mademoiselle Aïssé* réussi au delà de vos espérances.

Qu'importe ! car suivant M. Decorde, votre rapporteur, « le talent de Bouilhet n'est pas à l'abri de toute critique » et « sa réputation n'est point suffisamment faite, — pas suffisamment établie. » Suivant M. Nion, « il est plus remarquable par la forme que par la conception scénique ! — ce n'est pas un écrivain original, — un auteur de premier ordre ! » Enfin, M. Decorde l'appelle « un élève souvent heureux d'Alfred de Musset ! »

Ah! Monsieur, vous n'avez pas l'indulgence qui sied à un confrère en Apollon, vous qui, raillant avec finesse cette même ville de Rouen, dont vous défendez si bien la pudeur littéraire, avez stigmatisé *un bourg en progrès*, Saint-Tard[1] :

> Dont le nom peu connu ;
> Sans doute, jusqu'à vous n'était jamais venu !
> Il possédait pourtant, chose digne d'envie,
> Un bureau de police et de gendarmerie,
> La justice de paix et l'enregistrement,
> Un hospice assez grand, légué par testament.

Jolie petite localité où :

> En dépit de l'octroi, contre lequel ils grondent,
> Les débits de liqueurs et les cafés abondent.

Si l'on vous eût demandé de l'argent, j'aurais compris votre répugnance :

> Ici, c'est autre chose, et de toute façon,
> On nous met chaque jour à contribution !
> . . . .
> . . . .
> Les bourgeois de Saint-Tard, d'ailleurs, sont peu portés
> A faire grand assaut de générosités.

Et nous attendions mieux de votre goût, vous

---

1. Lu à la séance publique de l'Académie de Rouen, du 7 août 1867. (Voyez le Précis analytique des travaux de l'Académie de Rouen.)

qui avez fustigé l'argot moderne dans votre épître *des Importations anglaises*[1], où se trouvent ces quatre vers — dignes d'envie :

> J'ai lu dans un journal qu'à Boulogne-sur-Mer,
> Par un grand *Cricket-Club*, un *match* vient d'être offert.
> . . . .
> . . . .
> Et pour avoir des droits à l'admiration
> Pour avoir pauvrement singé la *fashion*.

Beau passage ! mais dépassé par celui-ci :

> J'ai lu dans quelque endroit qu'un avare de Rennes
> Ne sachant comment faire, en un pareil moment,
> S'avisa de mourir le dernier jour de l'an,
> De peur de donner des étrennes.

En effet, vous avez toutes les cordes, — soit que vous chantiez les albums de photographie :

> C'est pour les visiteurs une distraction,
> Et partout on en fait ample collection.

Ou le jardin de Saint-Ouen :

> A ton tour, tu subis le sort de ce grand cours,
> Si brillant dans les anciens jours,
> Que ne fréquente plus personne[2].

---

1. Lu à la séance publique de l'Académie de Rouen, du 7 août 1865 (Voyez le Précis analytique des travaux de l'Académie de Rouen).

2. Lettre de condoléance au Jardin de Saint-Ouen. — Séance du 2 juin 1863. (Voy. Précis analytique de l'Académie de Rouen.

Ou les plaisirs de la danse :

Mais, comme au goût du jour il faut que tout s'arrange,
Terpsichore a subi la loi du libre échange !
Déjà, sans respecter la prohibition,
Les Lanciers nous étaient arrivés d'Albion¹.

Ou les dîners en ville :

Mais vous n'attendez pas sans doute que j'expose
Comment de ces repas le menu se compose :
Sur la table, au début, figure le dessert.
. . . .
. . . .
Hélas ! tous ces plaisirs ne sont pas sans dépense.
L'hiver, au citadin, coûte plus qu'on ne pense²!

Ou les merveilles de l'industrie moderne :

On peut, dès à présent, avec bien moins de frais,
Par des trains de plaisir disposés tout exprès,
Visiter en huit jours la Suisse ou la Belgique.
. . . .
Et lorsque de Lesseps, après de longs efforts,
De l'isthme de Suez aura percé les bords,
Le touriste pourra, sans craindre la distance,
Comme on part aujourd'hui pour faire un tour en France,
Aller jusque dans l'Inde ou l'extrême Orient,
    Faire un voyage d'agrément³!

Faites-le ! faites toujours de pareils bonbons !

1. L'Hiver à la ville. Épître. — Séance du 6 août 1863.
2. L'Hiver à la ville. Épître. — Séance du 6 août 1863.
3. Les Vacances. Épître familière. — Séance du 6 août 1861.

Faites même des drames, vous qui discernez si bien la forme de la conception dramatique, — et soyez sûr, honorable monsieur, que votre réputation « fût-elle suffisamment établie », et bien que vous ressembliez à Louis Bouilhet, car votre « talent », à vous aussi, n'est pas « à l'abri de toute critique », et vous n'êtes non plus ni « un écrivain original », ni un « auteur de premier ordre », jamais on ne vous appellera « un élève » même « heureux » d'Alfred de Musset !

Sur ce point, d'ailleurs, votre mémoire est en défaut. Un de vos collègues à l'Académie des Sciences, Belles-Lettres et Arts de Rouen n'a-t-il pas débité dans la séance publique du 7 août 1862, un éloge pompeux de Louis Bouilhet ? Il le mettait très haut comme auteur dramatique et le défendait si bien d'être un imitateur d'Alfred de Musset, qu'ayant moi-même à dire la même chose dans la préface de *Dernières Chansons*, je n'ai eu qu'à me rappeler, ou plutôt qu'à copier, les phrases mêmes de mon vieil ami Alfred Nion, le frère de M. Émile Nion, l'adjoint, celui qui manque de témérité !

Que craignez-vous donc, ô adjoint chargé spécialement des Beaux-Arts? « L'encombrement sur vos places publiques? »

Mais les poètes comme celui-là (ne vous en déplaise) ne sont pas précisément innombrables.

Depuis que vous avez refusé d'accepter son buste, *malgré* le don de notre fontaine, vous avez perdu un des vôtres, votre adjoint, M. Thubeuf; je ne voudrais rien dire de messéant, ni outrager le deuil d'une famille que je n'ai pas l'honneur de connaître, mais il me semble que, dès maintenant, Nicolas-Louis-Juste Thubeuf est aussi ignoré qu'un Pharaon de la 23º dynastie, — tandis que le nom de Bouilhet s'étale aux vitrines de toutes les librairies de l'Europe, qu'on monte *Aïssé* à Saint-Pétersbourg et à Londres, et que ses pièces seront jouées et ses vers réimprimés dans six ans, dans vingt ans, dans cent ans peut-être et au delà.

Car on ne vit dans la mémoire des hommes que si on leur a donné de grands amusements ou rendu de grands services. Vous n'êtes pas faits pour nous fournir les uns; accordez-nous les autres.

Et au lieu de vous livrer à la critique littéraire, distraction en dehors de votre compétence, occupez-vous de choses plus sérieuses, telles que :

La construction d'un pont fixe ;
La construction d'entrepôts-magasins sur la rive droite de la Seine ;
L'élargissement de la rue Grand-Pont ;
Le percement d'une rue allant du palais de Justice aux quais ;
La vente des Docks ;
L'achèvement de la sempiternelle flèche de la cathédrale, etc., etc.

Vous possédez ainsi, par devers vous, une jolie collection qu'on pourrait nommer *Muséum des projets ajournés*. La clef en est remise par chaque administration qui s'évanouit à celle qui lui succède, tant on a peur de se compromettre, tant on redoute d'agir ! La circonspection passe pour une telle vertu que l'initiative devient un crim. Être médiocre ne nuit pas ; mais avant tout, il faut se garder d'entreprendre.

Quand le public a bien crié, ou plutôt mur-

muré, on se met en règle en nommant une Commission ; et dès lors on peut ne rien faire du tout, absolument rien, « il y a une Commission. » Argument invincible, panacée contre toutes les impatiences.

Quelquefois, cependant, on a l'audace d'exécuter. Mais c'est une merveille, presque un scandale, comme il arriva lors des « grands travaux de Rouen », c'est-à-dire lorsqu'on fit l'ex-rue de l'Impératrice, maintenant rue Jeanne-Darc et le square Solférino! Cependant

> Les squares maintenant sont à l'ordre du jour,
> Il fallait que Rouen en eût un à son tour [1] !

Mais parmi tous vos projets, le plus ajourné, le plus important, le plus urgent, c'est celui de la distribution des eaux. Car vous en manquez, vous en avez besoin, à Saint-Sever, par exemple.

Or, nous vous proposions, nous autres, d'établir, à n'importe quel coin de rue, deux colonnes ioniques surmontées d'un tympan avec un buste au milieu, une coquille au-dessous;

---

1. Poésies de M. Decorde, Lettre de condoléance au Jardin de Saint-Ouen, déjà citée.

— et déjà nous voyions notre petite fontaine exécutée. — Des promesses, je dis des promesses formelles, avaient été faites à quelques-uns d'entre nous par plusieurs d'entre vous.

Aussi notre surprise fut-elle grande, d'autant plus que la municipalité est parfois large en ces matières : témoin la statue de Napoléon Ier qui décore la place Saint-Ouen. En effet, vous avez donné pour ce chef-d'œuvre (le Conseil général avait voté une première fois 10,000 fr., une seconde fois 8,000 fr., enfin une troisième 5,000 fr. d'*indemnité au statuaire*, parce que sa maquette avait été renversée fortuitement par la Commission, — toujours les Commissions! Quelle aptitude pour les Arts!), vous avez donné, dis-je, la légère somme de 30,000 fr. pour édifier cette statue — équestre et hydrocéphale — qui n'en a coûté après tout que 160,000 à peu près, on ne sait pas au juste.

Mais pour celle de Pierre Corneille, proposée en 1805. et qui fut élevée vingt-neuf ans plus tard, en 1834, vous avez, vous, Conseil municipal, dépensé 7,037 fr. 38 c., pas un sou de plus.

Il est vrai que c'est un très grand poète, et vous poussez la considération pour les plus grands poètes jusqu'à vous priver du nécessaire plutôt que de permettre des honneurs à un écrivain de second ordre.

Deux questions, cependant : si la fontaine, si ce monument d'utilité publique, offert par nous, avait dû porter, comme ornement, tout autre chose que le buste de Louis Bouilhet, l'auriez-vous refusé?

S'il se fût agi d'un hommage à un de ces grands industriels de notre département, dont la fortune se compte par deux douzaines de millions, l'auriez-vous refusé? J'en doute.

Prenez garde qu'on ne vous accuse de mépriser ceux qui ne donnent point l'exemple de la fortune!

Pour des hommes si prudents et qui considèrent avant tout le succès, vous vous êtes singulièrement trompés, Messieurs! Le *Moniteur universel*, l'*Ordre*, le *Paris-Journal*, le *Bien public*, le *XIX° siècle*, l'*Opinion nationale*, le *Constitutionnel*, le *Gaulois*, le *Figaro*, etc., presque tous les journaux, enfin, se sont déclarés contre vous violemment; et pour ne faire qu'une citation, voici quelques lignes du patriarche de la critique moderne, Jules Janin :

« Lorsque vint l'heure enfin de la récompense définitive, on rencontra je ne sais quelle mauvaise volonté qui mit obstacle à l'espérance suprême des amis de Louis Bouilhet. On ne voulut pas de son buste sur une place publique et dans une ville qu'il illustrait de tous les bruits de sa renommée. En vain ses amis proposaient d'amener l'eau sur cette place aride, afin que le buste, ornement de la fontaine, disparût dans ce bienfait ; mais, faites donc entendre aux hommes injustes la cruauté d'un pareil refus ! Ils dresseraient tant qu'on voudrait des images à la guerre. Ils ne veulent pas de la poésie ! »

Parmi vous, d'ailleurs, sur vingt-quatre que vous étiez, onze se sont déclarés pour nous ; et MM. Vaucquier du Traversin, F. Deschamps et Raoul Duval ont éloquemment protesté en faveur des lettres.

Cette affaire en soi est fort peu chose. Mais on peut la noter comme un signe du temps,

— comme un trait caractéristique de votre classe — et ce n'est plus à vous, Messieurs, que je m'adresse, mais à tous les bourgeois. Donc je leur dis :

Conservateurs qui ne conservez rien,

il serait temps de marcher dans une autre voie, — et puisqu'on parle de régénération, de décentralisation, changez d'esprit! ayez à la fin quelque initiative!

La noblesse française s'est perdue pour avoir eu, pendant deux siècles, les sentiments d'une valetaille. La fin de la bourgeoisie commence parce qu'elle a ceux de la populace. Je ne vois pas qu'elle lise d'autres journaux, qu'elle se régale d'une musique différente, qu'elle ait des plaisirs plus relevés. Chez l'une comme chez l'autre, c'est le même amour de l'argent, le même respect du fait accompli, le même besoin d'idoles pour les détruire, la même haine de toute supériorité, le même esprit de dénigrement, la même crasse ignorance!

Ils sont sept cents à l'Assemblée nationale. Combien y en a-t-il qui puissent dire les noms des principaux traités de notre histoire, ou les dates de six rois de France, qui sachent les premiers éléments de l'économie politique, qui aient lu seulement Bastiat? La Municipalité de Rouen, qui tout entière a nié le mérite d'un poète, ignore peut-être les règles de la versification? et elle n'a pas besoin de les savoir, tant qu'elle ne se mêle pas de vers.

Pour être respectés par ce qui est au-dessous, respectez donc ce qui est au-dessus!

Avant d'envoyer le peuple à l'école, allez-y vous-mêmes!

Classes éclairées, éclairez-vous!

A cause de ce mépris pour l'intelligence, vous vous croyez *pleins de bon sens, positifs, pratiques!* mais on n'est véritablement pratique qu'à la condition d'être un peu plus... Vous ne jouiriez pas de tous les bienfaits de l'industrie si vos pères du XVIII° siècle n'avaient eu pour idéal que l'utilité matérielle. A-t-on assez plaisanté l'Allemagne sur ses idéologues, ses rêveurs, ses poètes nuageux? Vous avez vu, hélas! où l'ont conduite ses nuages! Vos milliards l'ont payée de tout le temps qu'elle n'avait point perdu à bâtir des systèmes. Il me semble que le rêveur Fichte a réorganisé l'armée prussienne après Iéna, et que le poète Kœrner a poussé contre nous quelques uhlans vers 1813 ?

Vous, pratiques ? Allons donc ! Vous ne savez tenir ni une plume, ni un fusil ! Vous vous laissez dépouiller, emprisonner et égorger par des forçats ! Vous n'avez plus même l'instinct de la brute, qui est de se défendre ; et, quand il s'agit non seulement de votre peau, mais de votre bourse, laquelle devrait vous être plus chère, l'énergie vous manque pour aller déposer un morceau de papier dans une boîte ! Avec tous vos capitaux et votre sagesse, vous ne pouvez faire une association équivalente à l'*Internationale!*

Tout votre effort intellectuel consiste à trembler devant l'avenir.

Imaginez autre chose. Hâtez-vous ! ou bien la France s'abîmera de plus en plus entre une démagogie hideuse et une bourgeoisie stupide.

Gustave FLAUBERT.

PAR LES CHAMPS
ET
PAR LES GRÈVES
— VOYAGE EN BRETAGNE —

CHAPITRE PREMIER

. . . .

Château de Chambord. — Nous nous sommes promenés le long des galeries vides et par les chambres abandonnées où l'araignée étend sa toile sur les salamandres de François Ier. Un sentiment navrant vous prend à cette misère qui n'a rien de beau. Ce n'est pas la ruine de partout, avec le luxe de ses débris noirs et verdâtres, la broderie de ses fleurs coquettes et ses draperies de verdures ondulantes au vent, comme des lambeaux de damas. C'est une misère honteuse qui brosse son habit râpé et fait la décente. On répare le parquet dans cette pièce, on le laisse pourrir dans cette autre. Il y a là un effort inutile à conserver ce qui meurt et à rappeler ce qui a fui. Chose étrange! cela est triste et cela n'est pas grand.

Et puis, on dirait que tout a voulu contribuer à lui jeter l'outrage, à ce pauvre Chambord, que le Primatice avait dessiné, que Germain Pilon et Jean Cousin avaient ciselé et sculpté. Élevé par François Ier, à son retour d'Espagne, après l'humiliant traité de Madrid (1526), monument de l'orgueil qui veut s'étourdir, pour se payer de ses défaites ; c'est d'abord Gaston d'Orléans, un prétendant vaincu, qu'on y exile ; puis c'est Louis XIV qui d'un seul étage en fait trois, gâtant ainsi l'admirable escalier double qui allait d'un seul jet, lancé comme une spirale, du sol au faîte. Un jour, c'est Molière qui y joue pour la première fois le *Bourgeois gentilhomme*, au deuxième étage, côté qui donne sur la façade, sous ce beau plafond couvert de salamandres et d'ornements peints dont les couleurs s'en vont en écailles. Puis on l'a donné au maréchal de Saxe ; on l'a donné aux Polignac, on l'a donné à un simple soldat, à Berthier ; on l'a racheté par souscription et on l'a donné au duc de Bordeaux. On l'a donné à tout le monde, comme si personne n'en voulait ou ne voulait le garder. Il a l'air de n'avoir jamais presque servi et avoir été toujours trop grand. C'est comme une hôtellerie abandonnée où les voyageurs n'ont pas même laissé leurs noms aux murs.

En allant par une galerie extérieure vers l'escalier d'Orléans, pour examiner les cariatides qui sont censées représenter François Ier, M. de Chateaubriand et Mme d'Étampes, et tournant autour de la fameuse lanterne qui termine le grand escalier, nous avons, à plusieurs reprises, passé la tête à travers la balustrade, pour regarder en bas : dans la cour, un petit ânon qui tétait sa mère, se frottait contre elle, secouait ses oreilles, allongeait son nez, sautait sur ses sabots. Voilà ce qu'il y avait dans la cour d'honneur du château de Chambord ; voilà ses hôtes maintenant : un chien qui joue dans l'herbe et un âne qui tette, ronfle et brait, fiente et gambade sur le seuil des rois ! . . . .

. . . .

Château d'Amboise. — Le château d'Amboise, dominant toute la ville qui semble jetée à ses pieds comme un tas de petits cailloux au bas d'un rocher, a une noble et imposante figure de château-fort, avec ses grandes et grosses tours percées de longues fenêtres étroites, à plein cintre ; sa galerie arcade qui va de l'une à l'autre, et la couleur fauve de ses murs rendue plus sombre par les fleurs qui pendent d'en haut, comme un panache joyeux sur le front bronzé d'un vieux soudard. Nous avons passé un grand quart d'heure à admirer la tour de gauche qui est superbe, qui est bistrée, jaune par places, noire de suie dans d'autres, qui a des ravenelles adorables appendues à ses créneaux et qui est, enfin, un de ces monuments parlants qui semblent vivre et qui vous tiennent tout béants et rêveurs sous leurs regards, ainsi que ces portraits dont on n'a pas connu les originaux et qu'on se met à aimer sans savoir pourquoi.

On monte au château par une pente douce qui mène dans un jardin élevé en terrasse, d'où la vue s'étend en plein sur toute la campagne d'alentour. Elle était d'un vert tendre ; les lignes de peupliers s'étendaient sur les rives du fleuve ; les prairies s'avançaient au bord, estompant au loin leurs limites grises dans l'horizon bleuâtre et vaporeux qu'enfermaient vaguement le contour des collines. La Loire coulait au milieu, baignant ses îles, mouillant la bordure des prés, faisant tourner les moulins, et laissant glisser sur sa sinuosité argentée les grands bateaux attachés ensemble qui cheminaient, paisibles, côte à côte, à demi endormis au craquement lent du large gouvernail, et au fond il y avait deux grandes voiles éclatantes de blancheur au soleil.

Des oiseaux partaient du sommet des tours, du rebord des machicoulis, allaient se nicher ailleurs, volaient, poussaient leurs petits cris dans l'air, et passaient. A cent pieds sous nous, on voyait les toits pointus de la ville, les cours désertes des vieux hôtels et le trou noir des cheminées fumeuses. Accoudés dans l'anfractuosité d'un créneau, nous regardions, nous écoutions nous aspirions tout cela, jouissant du soleil qui était beau, de l'air qui était doux et tout imbibé de la bonne odeur des ruines. Et là, sans méditer sur rien du tout, sans phraser même intérieurement sur quoi que ce soit, je songeais aux cottes de mailles souples comme des gants, aux baudriers de buffle trempés de sueur, aux visières fermées sous lesquelles brillaient des regards rouges; aux assauts de nuit, hurlants, désespérés, avec des torches qui incendiaient les murs, des haches d'armes qui coupaient les corps ; et à Louis XI, à la guerre des amoureux, à d'Aubigné, et aux ravenelles, aux oiseaux, aux beaux lierres lustrés, aux ronces toutes chauves, savourant ainsi dans ma dégustation rêveuse et nonchalante : des hommes, ce qu'ils ont de plus grand, leur souvenir ; — de la nature, ce qu'elle a de plus beau, ses envahissements ironiques et son éternel sourire.

Dans le jardin au milieu des lilas et des touffes d'arbustes qui retombent dans les allées, s'élève la chapelle, ouvrage du xvie siècle, ciselée sur tous les angles, vrai bijou d'orfèvrerie lapidaire, plus travaillée encore au dedans qu'au dehors, découpée comme un papier de boîtes à dragées, taillée à jour comme un manche d'ombrelle chinoise. Il y a sur la porte un bas-relief très réjouissant et très gentil ; c'est la rencontre de Saint Hubert avec le cerf mystique qui porte un crucifix entre les cornes. Le saint est à genoux ; plane au-dessus un ange qui va lui mettre une couronne sur son bonnet ; à côté on voit son cheval qui regarde de sa bonne figure d'animal étonné ; ses chiens jappent, et, sur la montagne dont les tranches et les facettes figurent des cristaux, le serpent rampe. On voit sa tête plate s'avancer au pied d'arbres sans feuilles qui ressemblent à des choux-fleurs. C'est l'arbre qu'on rencontre dans les vieilles bibles, sec de feuillage, gros de branches et de tronc, qui a du bois et du fruit, mais pas de verdure, l'arbre symbolique, l'arbre théologique et dévot, presque fantastique dans sa laideur impossible. Tout près de là, saint Christophe porte Jésus sur ses épaules; saint Antoine est dans sa cellule, bâtie sur un rocher; le cochon rentre dans son trou et on ne voit que son derrière et sa queue terminée en trompette, tandis que près de lui un lapin sort les oreilles de son terrier.

Tout cela est un peu lourd sans doute, et d'une plastique qui n'est pas rigoureuse. Mais il y a tant de vie et de mouvement dans ce bonhomme et ses animaux, tant de gentillesse dans les détails, qu'on donnerait beaucoup pour emporter ça et pour l'avoir chez soi.

A l'intérieur du château, l'insipide ameublement de l'empire se reproduit dans chaque pièce. Presque toutes sont ornées des bustes de

Louis-Philippe et de Mme Adélaïde. La famille régnante actuelle a la rage de se reproduire en portraits. C'est un mauvais goût de parvenu, une manie d'épicier enrichi dans les affaires et qui aime à se considérer lui-même avec du rouge, du blanc et du jaune, avec ses breloques au ventre, ses favoris au menton et ses enfants à ses côtés.

Sur une des tours on a construit, en dépit du bon sens le plus vulgaire, une rotonde vitrée, qui sert de salle à manger. Il est vrai que la vue qu'on y découvre est superbe. Mais le bâtiment est d'un si choquant effet, vu du dehors, qu'on aimerait mieux, je crois, ne rien voir de la vie ou aller manger à la cuisine.

Pour regagner la ville, nous sommes descendus par une tour qui servait aux voitures à monter presque dans la place. La pente douce et garnie de sable tourne autour d'un axe de pierres comme les marches d'un escalier. La voûte est sombre, éclairée seulement par le jour vif des meurtrières. Les consoles où s'appuie l'extrémité intérieure de l'arc de voûte représentent des sujets grotesques ou obscènes. Une intention dogmatique semble avoir présidé à leur composition. Il faudrait prendre l'œuvre à partir d'en bas, qui commence par l'*Aristoteles equitatus* (sujet traité déjà sur une des statues du chœur de la cathédrale de Rouen) et l'on arrive, par des dégradations, à un monsieur qui s'amuse avec une dame dans la posture perfide recommandée par Lucrèce et par l'*Amour conjugal*. La plupart des sujets intermédiaires ont du reste été enlevés, au grand désespoir des chercheurs de fantaisies drôlatiques, tels que nous autres, et enlevées de sang-froid, exprès, par décence, et comme nous le disait, d'un ton convaincu, le domestique de Sa Majesté, « parce qu'il y en avait beaucoup qui étaient inconvenants pour les dames. »

. . . .

Château de Chenonceau. — Je ne sais quoi d'une suavité singulière et d'une aristocratique sérénité transpire du château de Chenonceau. Il est à quelque distance du village qui se tient à l'écart respectueusement. On le voit, au fond d'une grande allée d'arbres, entouré de bois, encadré dans un vaste parc à belles pelouses. Bâti sur l'eau, en l'air, il lève ses tourelles, ses cheminées carrées. Le Cher passe dessous, et murmure au bas de ses arches dont les arêtes pointues brisent le courant. C'est paisible et doux, élégant et robuste. Son calme n'a rien d'ennuyeux et sa mélancolie n'a pas d'amertume.

On entre par le bout d'une longue salle voûtée en ogives qui servait autrefois de salle d'armes. On y a mis quelques armures qui, malgré la nécessité de semblables ajustements, ne choquent pas et semblent à leur place. Tout l'intérieur est entendu avec goût. Les tentures et les ameublements de l'époque sont conservés et soignés avec intelligence. Les grandes et vénérables cheminées du xvi° siècle ne recèlent pas, sous leur manteau, les ignobles et économiques cheminées à la prussienne qui savent se nicher sous de moins grandes.

Dans les cuisines que nous visitâmes également, et qui sont contenues dans une arche du château, une servante épluchait des légumes, un marmiton lavait des assiettes, et debout aux fourneaux, le cuisinier faisait bouillir pour le déjeuner un nombre raisonnable de casseroles luisantes. Tout cela est bien, a un bon air, sent son honnête vie de château, sa pares-

seuse et intelligente existence d'homme bien
né. J'aime les propriétaires de Chenonceau.

N'y a-t-il pas, d'ailleurs, partout de bons
vieux portraits à vous faire passer devant un
temps infini, en vous figurant le temps où
leurs maîtres vivaient, et les ballets où tour-
noyaient les vertugadins de toutes ces belles
dames roses, et les bons coups d'épée que ces
gentilshommes s'allongeaient avec leurs ra-
pières. Voilà des tentations de l'histoire. On
voudrait savoir si ces gens-là ont aimé comme
nous et les différences qu'il y avait entre leurs
passions et les nôtres. On voudrait que leurs
lèvres s'ouvrissent, pour nous dire les récits
de leur cœur, tout ce qu'ils ont fait autrefois,
même de futile, quelles furent leurs angoisses
et leurs voluptés. C'est une curiosité irritante
et séductrice, une envie rêveuse de savoir,
comme on en a pour le passé inconnu d'une
maîtresse... Mais ils restent sourds aux questions de nos yeux, ils restent là, muets, immobiles dans leurs cadres de bois, nous passons.
Les mites picotent leur toile, on les revernit,
ils sourient encore, que nous sommes pourris
et oubliés. Et puis d'autres viennent aussi les

regarder jusqu'au jour où ils tomberont en poussière, où l'on rêvera de même devant nos propres images. Et l'on se demandera ce qu'on faisait dans ce temps-là, de quelle couleur était la vie, et si elle n'était pas plus chaude.

. . . .

...... Je ne parlerais plus de toutes ces belles dames, si le grand portrait de madame Deshoulières, en grand déshabillé blanc, debout (c'est du reste une belle figure et, comme le talent si décrié et si peu lu de ce poète, meilleure au second aspect qu'au premier), ne m'avait rappelé par le caractère infaillible de la bouche, qui est grosse, avancée, charnue et charnelle, la brutalité singulière du portrait de madame de Staël, par Gérard. Quand je le vis, il y a deux ans, à Coppet, éclairé par le soleil de juin, je ne pus m'empêcher d'être frappé par ces lèvres rouges et vineuses, par ces narines larges, reniflantes, aspirantes. La tête de George Sand offre quelque chose d'analogue. Chez toutes ces femmes à moitié hommes, la spiritualité ne commence qu'à la hauteur des yeux. Tout le reste est resté dans les instincts matériels.

En fait de choses amusantes, il y a encore à

Chenonceau, dans la chambre de Diane de Poitiers, le grand lit à baldaquin de la royale concubine, tout en damas blanc et cerise. S'il m'appartenait, j'aurais bien du mal à m'empêcher de ne m'y pas mettre quelquefois. Coucher dans le lit de Diane de Poitiers, même quand il est vide, cela vaut bien coucher dans celui de beaucoup de réalités plus palpables. N'a-t-on pas dit qu'en ces matières tout le plaisir n'était qu'imagination? Concevez-vous alors, pour ceux qui en ont quelque peu, la volupté singulière, historique et xvi° siècle de poser sa tête sur l'oreiller de la maîtresse de François Ier et de se retourner sur ses matelas? (Oh! que je donnerais volontiers toutes les femmes de la terre pour avoir la momie de Cléopâtre!) Mais je n'oserais pas seulement, de peur de les casser, toucher aux porcelaines de Catherine de Médicis qui sont dans la salle à manger, ni mettre mon pied dans l'étrier de François Ier, de peur qu'il n'y restât, ni poser les lèvres sur l'embouchure de l'énorme trompe qui est dans la salle d'armes, de peur de m'y rompre la poitrine.

. . . .

CHAPITRE II

Château de Clisson. — ..... Sur un coteau au pied duquel se joignent deux rivières, dans un frais paysage égayé par les claires couleurs des toits en tuiles abaissés à l'italienne et groupés là ainsi que dans les croquis d'Hubert, près d'une longue cascade qui fait tourner un moulin, tout caché dans le feuillage, le château de Clisson montre sa tête ébréchée par-dessus les grands arbres. A l'entour, c'est calme et doux. Les maisonnettes rient comme sous un ciel chaud; les eaux font leur bruit, la mousse floconne sur un courant où se trempent de molles touffes de verdure. L'horizon s'allonge, d'un côté, dans une perspective fuyante de prairies et, de l'autre, remonte tout à coup, enclos par un vallon boisé dont un flot vert s'écrase et descend jusqu'en bas.

Quand on a passé le pont et qu'on se trouve au pied du sentier raide qui mène au château, on voit, debout, hardi et dur sur le fossé où il s'appuie dans un aspect vivace et formidable, un grand pan de muraille tout couronné de machicoulis éventrés, tout empanaché d'arbres et tout tapissé de lierres dont la masse ample et nourrie, découpée sur la pierre grise en déchirures et en fusées, frissonne au vent dans toute sa longueur et semble un immense voile vert que le géant couché remue, en rêvant, sur ses épaules. Les herbes sont hautes et sombres, les plantes sont fortes et ardues; le tronc des lierres, noueux, rugueux, tordu, soulève les murs comme avec des leviers, ou les retient dans le réseau de ses branchages. Un arbre, à un endroit, a percé l'épaisseur de la muraille et, sorti horizontalement, suspendu en l'air, a poussé au dehors l'irradiation de ses rameaux. Les fossés dont la pente s'adoucit par la terre qui s'émiette des bords et par les pierres qui tombent des créneaux ont une courbe large et profonde, comme la haine et comme l'orgueil; et la porte d'entrée, avec sa vigoureuse ogive un peu cintrée et ses deux baies servant à relever le pont-levis, a l'air d'un grand casque qui regarde par les trous de sa visière.

Entré dans l'intérieur, on est surpris, émerveillé par l'étonnant mélange des ruines et des arbres, la ruine faisant valoir la jeunesse verdoyante des arbres, et cette verdure rendant plus âpre la tristesse de la ruine. C'est bien là l'éternel et beau rire, le rire éclatant de la nature sur le squelette des choses ; voilà bien les insolences de sa richesse, la grâce profonde de ses fantaisies, les envahissements mélodieux de son silence. Un enthousiasme grave et songeur vous prend à l'âme; on sent que la sève coule dans les arbres et que les herbes poussent avec la même force et le même rythme que les pierres s'écaillent et que les murailles s'affaissent. Un art sublime a arrangé, dans l'accord suprême des discordances secondaires, la forme vagabonde des lierres au galbe sinueux des ruines, la chevelure des ronces au fouillis des pierres éboulées, la transparence de l'air aux saillies résistantes des masses, la teinte du ciel à la teinte du sol, mirant leur visage l'un dans l'autre, ce qui fut et ce qui est. Toujours l'histoire et la nature révèlent ainsi, en l'accomplissant dans ce coin circonscrit du monde, le rapport incessant, l'hymen sans fin, celui de l'humanité qui s'envole et de la marguerite qui pousse, des étoiles qui s'allument et des hommes qui s'endorment, du cœur qui bat et de la vague qui monte. Et cela est si nettement établi à cette place, si complet, si dialogué, que l'on en tressaille intérieurement, comme si cette double vie fonctionnait en nous-mêmes, tant survient, brutale et immédiate, la perception de ces harmonies et de ces développements; car l'œil aussi a ses orgies et l'idée ses réjouissances.

Au pied de deux grands arbres dont les troncs s'entre-croisent, un jour vert coulant sur la mousse passe comme un flot lumineux et réchauffe toute cette solitude. Sur votre tête, un dôme de feuilles troué par le ciel qui tranche dessus en lambeau d'azur, vous renvoie une lumière verdâtre et claire qui, contenue par les murs, illumine largement tous ses débris, en creuse les rides, en épaissit les ombres, en dévoile toutes les finesses cachées.

On s'avance enfin, on marche entre ces murs, sous ces arbres, on s'en va, errant le long des barbacanes, passant sous les arcades qui s'éventrent et d'où s'épand quelque large plante frissonnante. Les voûtes comblées qui contiennent des morts résonnent sous vos pas; les lézards courent sous les broussailles, les insectes montent le long des murs, le ciel brille et la ruine assoupie continue son rêve.

Avec sa triple enceinte, ses donjons, ses cours intérieures, ses machicoulis, ses souterrains, ses remparts mis les uns sur les autres, comme écorce sur écorce et cuirasse sur cuirasse, le vieux château des Clisson se peut reconstruire encore et réapparaître. Le souvenir des existences d'autrefois découle de ses murs, avec l'émanation des orties et la fraîcheur des lierres. D'autres hommes que nous ont agité là-dedans leurs passions plus violentes; ils avaient des mains plus fortes, des poitrines plus larges.

De longues traînées noires montent encore en diagonales le long des murs, comme au temps où flambaient les bûches dans les cheminées vastes de dix-huit pieds. Des trous symétriques alignés dans la maçonnerie indiquent la place des étages où l'on montait jadis par les escaliers tournants qui s'écroulent et qui ouvrent sur l'abîme leurs portes vides. Quelquefois un oiseau, débusquant de son nid accroché dans les ronces, au fond d'un angle sombre, s'abaissait, ses ailes étendues, et passait par l'arcade d'une fenêtre pour s'en aller dans la campagne.

Au haut d'un pan de muraille élevé, tout nu, gris, sec, des baies carrées, inégales de grandeur et d'alignement, laissaient éclater à travers leurs barreaux croisés la couleur pure du ciel dont le bleu vif encadré par la pierre, tirait l'œil avec une attraction surprenante. Les moineaux dans les arbres poussaient leur cri aigre et répété. Au milieu de tout cela une vache broutait, qui marchait là-dedans comme dans un pré, épatant sur l'herbe sa corne fendue.

Il y a une fenêtre, une grande fenêtre qui donne sur une prairie que l'on appelle la *prairie des chevaliers*. C'était là, de dessus un banc de pierres entablées dans l'épaisseur de la muraille, que les grandes dames d'alors pouvaient voir les chevaliers entrechoquer le poitrail bardé de fer de leurs chevaux et la masse d'armes descendre sur les cimiers, les lances se rompre, les hommes tomber sur le gazon. Par un beau jour d'été comme aujourd'hui, peut-être, quand ce moulin qui claque sa cliquette et met en bruit tout le paysage n'existait pas, quand il y avait des toits au haut de ces murailles, des cuirs de Flandre sur ces parois, des toiles cirées à ces fenêtres, moins d'herbe, et des voix et des rumeurs de vivants, oui, là, plus d'un cœur, serré dans sa gaine de velours rouge, a battu d'angoisse et d'amour. D'adorables mains blanches ont frémi de peur sur cette pierre que tapissent maintenant les orties, et les barbes brodées des grands hennins ont tressailli dans ce vent qui remue les bouts de ma cravate et qui courbait le panache des gentilshommes.

Nous sommes descendus dans le souterrain où fut enfermé Jean V. Dans la prison des hommes nous avons vu encore au plafond le grand crochet double qui servait à pendre; et nous avons touché avec des doigts curieux la porte de la prison des femmes. Elle est épaisse de quatre pouces environ, serrée avec des vis, cerclée, plaquée et comme capitonnée de fers. Au milieu, un petit guichet grillé servait à jeter dans la fosse ce qu'il fallait pour que la condamnée ne mourût pas. C'était cela qu'on ouvrait, et non la porte qui, bouche discrète des plus terribles confidences, était de celles qui se ferment toujours et ne s'ouvrent jamais. C'était le bon temps de la haine! Alors, quand on haïssait quelqu'un, quand on l'avait enlevé dans une surprise, ou pris en trahison dans une entrevue, mais qu'on l'avait enfin, qu'on le tenait, on pouvait à son aise le sentir mourir à toute heure, à toute minute, compter ses angoisses, boire ses larmes. On descendait dans son cachot, on lui parlait, on marchandait son supplice pour rire de ses tortures, on débattait sa rançon ; on vivait sur lui, de lui, de sa vie qui s'éteignait, de son or qu'on lui prenait. Toute votre demeure, depuis le sommet des tours jusqu'au pied des douves, pesait sur lui, l'écrasait, l'ensevelissait ; et les vengeances de famille s'accomplissaient ainsi, dans la famille, et par la maison elle-même qui en constituait la force et en symbolisait l'idée.

Quelquefois, cependant, quand ce misérable qui était là était un grand seigneur, un homme riche, quand il allait mourir, quand on en était repu et que toutes les larmes de ses yeux avaient fait à la haine de son maître comme des saignées rafraîchissantes, on parlait de le relâcher. Le prisonnier promettait tout ; il rendrait les places fortes, il remettrait les clés de ses meilleures villes, il donnerait sa fille en mariage, il doterait des églises, il irait à pied au Saint-Sépulcre. Et de l'argent! de l'argent encore! Il en ferait plutôt faire par les Juifs! Alors on signait le traité, on le contresignait, on l'antidatait, on apportait les reliques, on jurait dessus, et le prisonnier revoyait le soleil. Il enfourchait un cheval, partait au galop, rentrait chez lui, faisait baisser la herse, convoquait ses gens et décrochait son épée. Sa haine éclatait au dehors en explosions féroces. C'était le moment des colères terrifiantes et des rages victorieuses. Le serment? le pape vous en relevait, et pour la rançon, on ne la payait pas.

Quand Clisson fut enfermé dans le château de l'Hermine, il promit pour en sortir cent mille francs d'or, la restitution des places appartenant au duc de Penthièvre, la non-exécution du mariage de sa fille Marguerite avec le duc de Penthièvre. Et, dès qu'il fut sorti, il commença par attaquer Chatelaudren, Guingamp, Lamballe et Saint-Malo, qui furent pris ou capitulèrent. Le duc de Penthièvre se maria avec sa fille, et quant aux cent mille francs d'or qu'il avait soldés, on les lui rendit. Mais ce furent les peuples de Bretagne qui payèrent.

Quand Jean V fut enlevé, au pont de Loroux, par le comte de Penthièvre, il promit une rançon d'un million ; il promit sa fille aînée fiancée déjà au roi de Sicile. Il promit Montcontour, Sesson et Jugan, etc., ne donna ni sa fille, ni l'argent, ni les places fortes. Il avait fait le vœu d'aller au Saint-Sépulcre. Il s'en acquitta par procureur. Il avait fait le vœu de ne plus lever ni tailles ni subsides ; le pape l'en dégagea. Il avait fait vœu de donner à Notre-Dame de Nantes son pesant d'or ; mais comme il pesait près de deux cents livres, il resta fort endetté. Avec tout ce qu'il put ramasser et prendre, il forma bien vite une ligue et força les Penthièvre à lui acheter cette paix, qu'ils avaient vendue.

De l'autre côté de la Sèvre, et s'y trempant les pieds, un bois couvre la colline de sa masse verte et fraîche ; c'est « la Garenne », parc très beau de lui-même, malgré les beautés factices qu'on y a voulu introduire. M. Semot (le père du propriétaire actuel) qui était un peintre de l'Empire, et un artiste lauréat, a travaillé là du mieux qu'il a pu à reproduire ce froid goût italien, républicain, romain, qui était fort à la mode du temps de Canova et de madame de Staël. On était pompeux, grandiose et noble. C'était le temps où on sculptait des urnes sur les tombeaux, où l'on peignait tout le monde en manteau et chevelure au vent, où Corinne chantait sur sa lyre, à côté d'Oswald qui a des bottes à la russe, et où il fallait enfin qu'il y eût sur toutes les têtes beaucoup de cheveux épars et dans tous les paysages beaucoup de ruines.

Ce genre de beautés ne manque pas à la Garenne. Il y a un temple de Vesta, et en face, un temple à l'Amitié.

.... Les inscriptions, les rochers composés, les ruines factices sont prodigués ici avec naïveté et conviction..... Mais toutes les richesses poétiques sont réunies dans la grotte d'Héloïse, sorte de dolmen naturel sur le bord de la Sèvre.

..... Pourquoi donc a-t-on fait de cette figure d'Héloïse, qui était une si noble et si haute figure, quelque chose de banal et de niais, le type fade de tous les amours contrariés et comme l'idéal étroit de la fillette sentimentale? Elle méritait mieux pourtant, cette pauvre maîtresse du grand Abailard, celle qui l'aimait d'une admiration si dévouée, quoiqu'il fût dur, quoiqu'il fût sombre et qu'il ne lui épargnât ni les amertumes ni les coups. Elle craignait de l'offenser plus que Dieu même, et désirait lui plaire plus qu'à lui. Elle ne voulait pas qu'il l'épousât, trouvant que : « c'était chose messéante et déplorable que celui que la nature avait créé pour tous... une femme se l'appropriât pour elle seule. » Sentant, disait-elle : « plus de douceur à ce nom de maîtresse et de concubine qu'à celui d'épouse, qu'à celui d'impératrice, et s'humiliant en lui, espérant gagner davantage dans son cœur. »

. . . .

Le parc n'en est pas moins un endroit charmant. Les allées serpentent dans le bois taillis, les touffes d'arbres retombent dans la rivière. On entend l'eau couler, on sent la fraîcheur des feuilles. Si nous avons été irrités du mauvais goût qui s'y trouve, c'est que nous sortions de Clisson qui est d'une beauté vraie, si solide et si simple, et puis, que ce mauvais goût, après tout, n'est plus notre mauvais goût à nous autres. Mais d'ailleurs, qu'est-ce donc que le mauvais goût? C'est invariablement le goût de l'époque qui nous a précédés. Le mauvais goût du temps de Ronsard, c'était Marot; du temps de Boileau, c'était Ronsard; du temps de Voltaire, c'était Corneille, et c'était Voltaire du temps de Chateaubriand que beaucoup de gens, à cette heure, commencent à trouver un peu faible. O gens de goût des siècles futurs! je vous recommande les gens de goût de maintenant. Vous rirez un peu de leurs crampes d'estomac, de leurs dédains superbes, de leur prédilection pour le veau et pour le laitage, et des grimaces qu'ils font quand on leur sert de la viande saignante et des poésies trop chaudes.

Comme ce qui est beau sera laid, comme ce qui est gracieux paraîtra sot, comme ce qui est riche semblera pauvre, nos délicieux boudoirs, nos charmants salons, nos ravissants costumes, nos intéressants feuilletons, nos drames palpitants, nos livres sérieux, oh! oh! comme on nous fourrera au grenier, comme on en fera de la bourre, du papier, du fumier, de l'engrais! O postérité! n'oublie pas surtout nos parloirs gothiques, nos ameublements renaissance, les discours de M. Pasquier, la forme de nos chapeaux et l'esthétique de la *Revue des Deux Mondes!*

C'est en nous laissant aller à ces hautes considérations philosophiques, que notre carriole nous traîna jusqu'à Tiffanges. Placés tous deux dans une espèce de cuve en fer-blanc, nous écrasions de notre poids l'imperceptible cheval qui ondulait dans les brancards. C'était le frétillement d'une anguille dans le corps d'un rat de Barbarie. Les descentes le poussaient en avant, les montées le tiraient en arrière, les débords le jetaient de côté et le vent l'agitait sous la grêle des coups de fouet. Pauvre bête! Je ne puis y penser sans de certains remords.

La route taillée dans la côte descend en tournant, couverte sur ses bords par des massifs d'ajoncs, ou par de larges langues d'une mousse roussâtre. A droite, au pied de la colline, sur un mouvement de terrain qui se soulève du fond du vallon en s'arrondissant comme la carapace d'une tortue, on voit de grands pans de muraille inégaux qui allongent les uns par-dessus les autres leurs sommets ébréchés.

On longe une haie, on grimpe un petit chemin, on entre sous un porche tout ouvert qui s'est enfoncé dans le sol jusqu'aux deux tiers de son ogive. Les hommes qui y passaient jadis à cheval n'y passeraient plus qu'en se courbant maintenant. Quand la terre s'ennuie de porter un monument trop longtemps, elle s'enfle de dessous, monte sur lui comme une marée, et pendant que le ciel lui ronge la tête elle lui enfouit les pieds. La cour est déserte, l'enceinte est vide, les herses ne remuent pas, l'eau dormante des fossés reste plate et immobile sous les ronds nénuphars.

Le ciel était blanc, sans nuages, mais sans soleil. Sa courbe pâle s'étendait au large, couvrait la campagne d'une monotonie froide et dolente. On n'entendait aucun bruit, les oiseaux ne chantaient pas, l'horizon même n'avait point de murmure, et les sillons vides ne vous envoyaient ni les glapissements des corneilles qui s'envolent, ni le bruit doux du fer des charrues. Nous sommes descendus à travers les ronces et les broussailles dans une douve profonde et sombre cachée au pied d'une grande tour qui se baigne dans l'eau et dans les roseaux. Une seule fenêtre s'ouvre sur un de ses pans, un carré d'ombre coupé par la raie grise de son croisillon de pierre. Une touffe folâtre de chèvrefeuille sauvage s'est pendue sur le rebord et passe au dehors sa bouffée verte et parfumée. Les grands machicoulis, quand on lève la tête, laissent voir d'en bas, par leurs ouvertures béantes, le ciel seulement ou quelque petite fleur inconnue qui s'est nichée là, apportée par le vent, un jour d'orage, et dont la graine aura poussé à l'abri, dans la fente des pierres.

Tout à coup un souffle est venu, doux et long, comme un soupir qui s'exhale, et les arbres dans les fossés, les herbes sur les pierres, les joncs dans l'eau, les plantes des ruines et les gigantesques lierres qui, de la base au faîte, revêtissaient la tour sous leur couche uniforme de verdure luisante, ont tous frémi et clapoté leur feuillage; les blés dans les champs ont roulé leurs vagues blondes, qui s'allongeaient, s'allongeaient toujours sur les têtes mobiles des épis; la mare d'eau s'est ridée et a poussé un flot sur le pied de la tour; les feuilles de lierre ont toutes frissonné ensemble et un pommier en fleur a laissé tomber ses boutons roses.

Rien, rien! Le vent qui passe, l'herbe qui pousse, le ciel à découvert. Pas d'enfant en guenille gardant une vache qui broute la mousse dans les cailloux ; pas même, comme ailleurs, quelque chèvre solitaire sortant sa tête barbue par une crevasse de remparts et qui s'enfuie tout effrayée en faisant remuer les broussailles ; pas un oiseau chantant, pas un nid, pas un bruit ! Ce château est comme un fantôme, muet, froid, abandonné dans cette campagne déserte ; il a l'air maudit et plein de ressouvenances farouches. Il fut habité pourtant, le séjour triste dont les hiboux semblent maintenant ne pas vouloir. Dans le donjon, entre quatre murs livides comme le fond des vieux abreuvoirs, nous avons compté la trace de cinq étages. A trente pieds en l'air une cheminée est restée suspendue avec ses deux piliers ronds et sa plaque noircie ; il est venu de la terre dessus et des plantes y ont poussé comme dans une jardinière qui serait restée là.

Au delà de la seconde enceinte, dans un champ labouré, on reconnaît les restes d'une chapelle, aux fûts brisés d'un portail ogival. L'avoine y a poussé, et les arbres ont remplacé les colonnes. Cette chapelle, il y a quatre cents ans, était remplie d'ornements de drap d'or et de soie, d'encensoirs, de chandeliers, de calices, de croix, de pierreries, de plats de vermeil, de burettes d'or; un chœur de trente chanteurs, chapelains, musiciens, enfants, y poussaient des hymnes aux sons d'un orgue qui les suivait quand ils allaient en voyage. Ils étaient couverts d'habits d'écarlate fourrés de gris perle et de menu-vair. Il y en avait un que l'on appelait l'archidiacre, un autre que l'on appelait l'évêque, et on demandait au pape qu'il leur fût permis de porter la mitre comme à des chanoines; car cette chapelle était la chapelle et ce château était un des châteaux de Gilles de Laval, sire de Rouci, de Montmorency, de Raiz et de Craon, lieutenant général du duc de Bretagne et maréchal de France, brûlé à Nantes, le 25 octobre 1440, dans la *Prée* de la Madeleine, comme faux monnayeur, assassin, sorcier, sodomite et athée.

Il avait en meubles plus de cent mille écus d'or, trente mille livres de rente, et les profits de ses fiefs, et les gages de son office de maréchal; cinquante hommes magnifiquement vêtus l'escortaient à cheval. Il tenait table ouverte, on y servait les viandes les plus rares, les vins les plus lointains, et l'on jouait chez lui des mystères, comme dans les villes aux entrées des rois. Quand il n'eut plus d'argent, il vendit ses terres; quand il eut vendu ses terres, il chercha l'or; et quand il eut détruit ses fourneaux, il appela le diable. Il lui écrivit qu'il lui donnerait tout, sauf son âme et sa vie. Il fit des sacrifices, des encensements, des aumônes et des solennités en son honneur. Les murs déserts s'illuminaient la nuit à l'éclat des torches qui brûlaient au milieu des hanaps pleins de vin des îles, et parmi les jongleurs bohêmes; ils rougissaient sous le vent incessant des soufflets magiques. On invoquait l'enfer, on se régalait avec la mort, on égorgeait des enfants, on avait d'épouvantables joies et d'atroces plaisirs; le sang coulait, les instruments jouaient, tout retentissait de voluptés, d'horreurs et de délires.

Quand il fut mort, quatre ou cinq demoiselles firent ôter son corps du bûcher, l'ensevelirent et le firent porter aux Carmes où, après des obsèques fort honorables, il fut inhumé solennellement.

On lui éleva sur un des ponts de la Loire,

en face de l'hôtel de la Boule d'Or, dit Guépin, un monument expiatoire. C'était une niche dans laquelle se trouvait la statue de la *bonne Vierge de crée-lait* qui avait la vertu d'accorder du lait aux nourrices ; on y apportait du beurre et d'autres offrandes rustiques. La niche y est encore, mais la statue n'y est plus ; de même qu'à l'hôtel de ville la boîte qui contenait le cœur de la reine Anne est vide aussi. Mais nous étions peu curieux de voir cette boîte ; nous n'y avons seulement pas songé. J'aurais préféré contempler la culotte du maréchal de Raiz, que le cœur de madame Anne de Bretagne ; il y a eu plus de passions dans l'une que de grandeur dans l'autre.

CHAPITRE III

Le champ de Carnac[1] est un large espace dans la campagne où l'on voit onze files de pierres noires, alignées à intervalles symétriques et qui vont diminuant de grandeur à mesure qu'elles s'éloignent de la mer. Cambry soutient qu'il y en avait quatre mille et Freminville en a compté douze cents. Ce qu'il y a de sûr, c'est qu'elles sont nombreuses.

A quoi cela était-il bon? Était-ce un temple?

Un jour, saint Cornille, poursuivi sur le rivage par des soldats, allait tomber dans le gouffre des flots, quand il imagina de les changer tous en autant de pierres, et les soldats furent pétrifiés. Mais cette explication n'était bonne que

---

[1]. Tout ce fragment a été publié dans l'*Artiste*, en 1858, sous ce titre : «Les pierres de Carnac et l'archéologie celtique.»

pour les niais, pour les petits enfants, et pour les poètes. On en chercha d'autres.

Au XVI² siècle, Olaüs Magnus, archevêque d'Upsal (et qui, exilé à Rome, composa sur les antiquités de sa patrie un livre fort estimé partout, si ce n'est dans son pays même, la Suède, où il n'eut pas un traducteur), avait découvert que « quand les pierres forment une seule et longue file droite, c'est qu'il y a dessous des guerriers morts en se combattant en duel ; que celles qui sont disposées en carré sont consacrées à des héros ayant péri dans une bataille ; que celles qui sont rangées circulairement sont des sépultures de famille, et que celles qui sont en coin ou sur un ordre angulaire sont *les tombeaux des cavaliers, ou même des fantassins, ceux surtout* dont *le parti avait triomphé* ». Voilà qui est clair ; mais Olaüs Magnus a oublié de nous dire comment s'y prendre pour enterrer deux cousins ayant fait coup double, dans un duel, à cheval. Le duel voulait que les pierres fussent droites ; la sépulture de famille exigeait qu'elles fussent circulaires ; mais comme il s'agissait de cavaliers, on devait les disposer en coin, prescription, il est vrai, qui n'était pas formelle, puisqu'on n'employait ce système que « pour ceux surtout dont le parti avait triomphé ». O brave Olaüs Magnus! Vous aimiez donc bien fort le Monte-Pulciano? Et combien vous en a-t-il fallu de rasades, pour vous apprendre toutes ces belles choses?

Selon un certain docteur Borlase, anglais, qui avait observé en Cornouailles des pierres pareilles, « on a enterré là des soldats, à l'endroit même où ils avaient péri. » Comme si, d'habitude, on les charriait au cimetière! et il appuie son hypothèse sur cette comparaison : leurs tombeaux sont rangés en ligne droite, tels que le front d'une armée dans les plaines qui furent le théâtre de quelque grand exploit.

Puis, on alla chercher les Grecs, les Égyptiens et les Cochinchinois! Il y a un Karnac en Égypte, s'est-on dit, il y en a un en Basse-Bretagne. Or, il est probable que le Carnac d'ici descend du Karnac de là-bas; cela est sûr! Car là-bas ce sont des sphinx, ici des blocs; des deux côtés c'est de la pierre. D'où il résulte que les Égyptiens (peuple qui ne voyageait pas) sont venus sur ces côtes (dont ils ignoraient l'existence), y auront fondé une colonie (car ils n'en fondaient nulle part), et qu'ils y auront laissé ces statues brutes (eux qui en faisaient de si belles), témoignage positif de leur passage (dont personne ne parle).

Ceux qui aiment la mythologie ont vu là des colonnes d'Hercule; ceux qui aiment l'histoire naturelle y ont vu une représentation du serpent Python, parce que, d'après Pausanias, un amas de pierres semblables, sur la route de Thèbes à Elissonte, s'appelait *la tête du serpent*, « et d'autant plus que les alignements de Carnac offrent des sinuosités comme un serpent. » Ceux qui aiment la cosmographie ont vu un zodiaque, comme M. de Cambry, qui a reconnu dans ces onze rangées de pierres les douze signes du Zodiaque, « car il faut dire, ajoute-t-il, que les anciens Gaulois n'avaient que onze signes au Zodiaque. »

Ensuite, un membre de l'Institut a conjecturé « que ce pouvait bien être le cimetière des Vénètes », qui habitaient Vannes, à six lieues de là, et lesquels fondèrent Venise, comme chacun sait. Un autre a écrit que ces bons

Vénètes vaincus par César élevèrent tous ces blocs uniquement par esprit d'humilité et pour honorer César. Mais on était las du cimetière, du serpent et du zodiaque; on se mit en quête et l'on trouva un temple druidique.

Le peu de documents que nous ayons, épars dans Pline et dans Dion Cassius, s'accordent à dire que les Druides choisissaient pour leurs cérémonies des lieux sombres, le fond des bois « et leur vaste silence ». Aussi, comme Carnac est au bord de la mer, dans une campagne stérile, où jamais il n'a poussé autre chose que les conjectures de ces messieurs, le premier grenadier de France qui ne me paraît pas en avoir été le premier homme d'esprit, suivi de Pelloutier et de M. Mahé (chanoine de la cathédrale de Vannes), a conclu « que c'était un temple des druides dans lequel on devait aussi convoquer les assemblées politiques ».

Tout cependant n'était pas fini, et il fallait démontrer un peu à quoi servaient dans l'alignement les espaces vides. « Cherchons-en la raison, ce que personne ne s'est avisé de faire », s'est écrié M. Mahé, et s'appuyant sur une phrase de Pomponius Méla : « Les druides enseignent beaucoup de choses à la noblesse, qu'ils instruisent secrètement en des cavernes et en des forêts écartées. » Et sur cette autre de Lucain : « Vous habitez de hautes forêts, » il établit, en conséquence, que les druides, non seulement desservaient *les sanctuaires*, mais encore y faisaient leur demeure et y tenaient des collèges : « Donc, puisque le monument de Carnac est un sanctuaire comme l'étaient les forêts gauloises (ô puissance de l'induction ! où pousses-tu le père Mahé, chanoine de Vannes et correspondant de l'Académie d'agriculture de Poitiers !), il y a lieu de croire que les intervalles vides qui coupent les lignes des pierres renfermaient des files de maisons où les druides habitaient avec leurs familles et leurs nombreux élèves, et où les principaux de la nation, qui se rendaient au sanctuaire au jour de grande solennité, trouvaient des logements préparés. » Bons druides ! Excellents ecclésiastiques ! Comme on les a calomniés, eux qui habitaient là, si honnêtement, avec leurs familles et leurs nombreux élèves, et qui même poussaient l'amabilité jusqu'à préparer des logements pour les principaux de la nation !

Mais un homme enfin, un homme est venu, pénétré du génie des choses antiques, et dédaigneux des routes battues.

Il a su reconnaître, lui, les restes d'un camp romain, précisément d'un camp de César, qui n'avait fait élever ces pierres *que pour servir d'appui aux tentes de ses soldats et les empêcher d'être emportées par le vent.* Quelles bourrasques il devait y avoir autrefois sur les côtes de l'Armorique !

Le littérateur honnête qui retrouva, pour la gloire du grand Julius, cette précaution sublime (ainsi restituant à César ce qui jamais n'appartint à César), était un ancien élève de l'École polytechnique, un capitaine du génie, le sieur de la Sauvagère.

L'amas de toutes ces gentillesses constitue ce qu'on appelle l'*Archéologie celtique*, dont nous allons immédiatement vous découvrir les arcanes.

Une pierre posée sur d'autres se nomme un *dolmen*, qu'elle soit horizontale ou verticale. Un rassemblement de pierres debout et recouvertes au sommet par des dalles consécutives, formant ainsi une série de dolmens, est une *grotte aux fées, roche aux fées, table du diable* ou *palais des géants;* car, semblables à ces bourgeois, qui vous servent un même vin sous des étiquettes différentes, les celtomanes, qui n'avaient presque rien à vous offrir, ont décoré de noms divers des choses pareilles.

Quand ces pierres sont rangées en ellipse, sans aucun chapeau sur les oreilles, il faut dire : Voilà un *cromlech;* lorsqu'on aperçoit une pierre étalée horizontalement sur deux autres verticales, on a affaire à un *lichaven* ou *trilithe.* Parfois deux blocs énormes sont superposés l'un sur l'autre, ne se touchant que par un seul point, et vous lisez dans les livres « qu'ils sont équilibrés de telle manière que le vent suffit pour imprimer au bloc supérieur une oscillation marquée », assertion que je ne nie pas, tout en me méfiant quelque peu du vent celtique, et bien que ces pierres prétendues branlantes soient constamment restées inébranlables à tous les coups de pieds furieux que j'ai eu la candeur de leur donner; elles s'appellent alors *pierres roulantes* ou *roulées, pierres retournées* ou *transportées, pierres qui dansent* ou *pierres dansantes, pierres qui virent* ou *pierres virantes.* Il reste à vous faire connaître ce qu'est une *pierre fichade*, une *pierre fiche*, une *pierre fixée*, ce qu'on entend par *haute borne*, *pierre latte* et *pierre lait*, en quoi une *pierre fonte* diffère d'une *pierre fiette*, et quels rapports existent entre une *chaire au diable*, et une *pierre droite*; après quoi vous en saurez à vous seul aussi long que jamais n'en surent ensemble Pelloutier, Deric, Latour-d'Auvergne, Penhoët et autres, doublés de Mahé et renforcés de Freminville. Apprenez donc que tout cela signifie *peulvan*, autrement dit un *men-hir*, et n'exprime autre chose qu'une borne, plus ou moins grande, placée toute seule au milieu des champs.

J'allais oublier les tumulus ! Ceux qui sont composés à la fois de silex et de terre s'appellent *barrows* en haut style, et les simples monceaux de cailloux, *galguls*.

On a prétendu que les *dolmens* et les *trilithes* étaient des autels, quand ils n'étaient pas des tombeaux, que les *roches aux fées* étaient des lieux de réunion ou des sépultures, et que les conseils de fabrique, au temps des druides, se rassemblaient dans les *cromlechs*. M. de Cambry a entrevu dans les pierres *branlantes* les emblèmes du monde suspendu. Les *barrows* et les *galguls* ont été sans doute des tombeaux; et quant aux *men-hirs*, on a poussé le bon vouloir jusqu'à leur trouver une forme, d'où l'on a induit le règne d'un culte ithyphallique dans toute la basse Bretagne. O chaste impudeur de la science, tu ne respectes rien, pas même les *poulvens!*

Une rêverie, si vague qu'elle soit, peut vous conduire en des créations splendides, quand elle part d'un point fixe. Alors, l'imagination, comme un hippogriffe qui s'envole, frappe la terre de tous ses pieds, et voyage en ligne droite vers les espaces infinis. Mais lorsque, s'acharnant sur un objet dénué de plastique et vide d'histoire, elle essaie d'en extraire une science et de recomposer un monde, elle demeure elle-même plus stérile et pauvre que cette matière brute à qui la vanité des bavards prétend trouver une forme et donner des chroniques.

Pour en revenir aux pierres de Carnac (ou plutôt les quitter), que si l'on me demande, après tant d'opinions, quelle est la mienne, j'en émettrai une irréfutable, irréfragable, irrésistible, une opinion qui ferait reculer les tentes de M. de la Sauvagère et pâlir l'Égyptien Penhoët, qui casserait le zodiaque de Cambry et hacherait le serpent Python en mille morceaux. Cette opinion la voici : les pierres de Carnac sont de grosses pierres!

. . . .

..... Nous nous en retournâmes donc à l'auberge où, servis par notre hôtesse qui avait de grands yeux bleus, de fines mains qu'on achèterait cher et une douce figure d'une pudeur monacale, nous dînâmes d'un bel appétit qu'avaient creusé nos cinq heures de marche. Il ne faisait pas encore nuit pour dormir, on n'y voyait plus pour rien faire, nous allâmes à l'église.

Elle est petite, quoique portant nef et bas-côtés, comme une grande dame d'église de ville. De gros piliers de pierre, trapus et courts, soutiennent sa voûte de bois bleu, d'où pendent de petits navires, ex-voto promis dans les tempêtes. Les araignées courent sur leurs voiles et la poussière pourrit leurs cordages.

On ne disait aucun office, la lampe du chœur brûlait seule dans son godet d'huile jaune, et en haut, dans l'épaisseur de la voûte, les fenêtres non fermées laissaient passer de larges rayons blancs, avec le bruit du vent qui courbait les arbres. Un homme est venu, a rangé les chaises, a mis deux chandelles dans des girandoles de fer accrochées au pilier, et a tiré dans le milieu une façon de brancard à pied dont le bois noir avait de grosses taches blanches. D'autres gens sont entrés dans l'église, un prêtre en surplis a passé devant nous; on a entendu un bruit de clochettes s'arrêtant et reprenant par intervalles, et la porte de l'église s'est ouverte toute grande. Le son saccadé de la petite cloche s'est mêlé à un autre qui lui répondait, et toutes deux, s'approchant en grandissant, redoublaient leurs battements secs et cuivrés.

Une charrette traînée par des bœufs a paru dans la place et s'est arrêtée devant le portail. Un mort était dessus. Ses pieds pâles et mats, comme de l'albâtre lavé, dépassaient le bout du drap blanc qui l'enveloppait de cette forme indécise qu'ont tous les cadavres en costume. La foule survenue se taisait. Les hommes restaient découverts; le prêtre secouait son goupillon et marmottait des oraisons, et les bœufs accouplés, remuant lentement la tête, faisaient crier leur gros joug de cuir. L'église, où brillait une étoile au fond, ouvrait sa grande ombre noire que refoulait du dehors le jour vert des crépuscules pluvieux, et l'enfant qui éclairait sur le seuil passait toujours la main sur sa chandelle, pour empêcher le vent de l'éteindre.

On l'a descendu de la charrette; sa tête s'est cognée contre le timon. On l'a entré dans l'église, on l'a mis sur le brancard. Un flot d'hommes et de femmes a suivi. On s'est agenouillé sur le pavé, les hommes près du mort, les femmes plus loin, vers la porte, et le service a commencé.

Il ne dura pas longtemps, pour nous du moins, car les psalmodies basses bourdonnaient vite, couvertes de temps à autre par un sanglot faible qui partait de dessous les capes noires, en bas de la nef. Une main m'a effleuré et je me suis effacé pour laisser passer une femme courbée. Serrant les poings sur la poitrine, baissant la face, allant en avant sans remuer les pieds, essayant de regarder, tremblant de voir, elle s'est avancée vers la ligne des lumières qui brûlaient le long du brancard. Lentement, lentement, en levant son bras comme pour se cacher dessous, elle a tourné la tête sur le coin de son épaule et elle est tombée sur une chaise, affaissée, aussi morte et molle que ses vêtements mêmes.

A la lueur des cierges, j'ai vu ses yeux fixes dans leurs paupières rouges, éraillés comme par une brûlure vive, sa bouche idiote et crispée, grelottante de désespoir, et toute sa pauvre figure qui pleurait comme un orage.

C'était son mari, perdu à la mer, que l'on venait de retrouver sur la grève et qu'on allait enterrer tout à l'heure.

Le cimetière touchait à l'église. On y passa par une porte à côté, et chacun y reprit son rang, tandis que dans la sacristie on clouait le mort en son cercueil. Une pluie fine mouillait l'air; on avait froid; il faisait gras marcher, et les fossoyeurs, qui n'avaient pas fini, rejetaient avec peine la terre lourde qui collait sur leurs louchets. Au fond, les femmes, à genoux dans l'herbe, avaient découvert leurs capuchons et leurs grands bonnets blancs, dont les pans empesés se soulevaient au vent, faisaient de loin comme un grand linceul qui se lève de terre et qui ondoie.

Le mort a reparu, les prières ont recommencé, les sanglots ont repris. On les entendait à travers le bruit de la pluie qui tombait.

Près de nous sortait par intervalles égaux une sorte de gloussement étouffé qui ressemblait à un rire. Partout ailleurs, en l'écoutant, on l'eût pris pour l'explosion réprimée de quelque joie violente ou pour le paroxysme contenu d'un délire de bonheur. C'était la veuve qui pleurait. Puis, elle s'approcha jusqu'au bord, fit comme les autres, et la terre peu à peu reprit son niveau et chacun s'en retourna.

Comme nous enjambions l'escalier du cimetière, un jeune homme qui passait à côté de nous dit en français à un autre : « Le bougre puait-il! Il est presque tout pourri! Depuis trois semaines qu'il est à l'eau, c'est pas étonnant! »

. . . .

..... Un matin pourtant nous partîmes comme les autres matins; nous prîmes le même sentier, nous traversâmes la haie d'ormeaux et la prairie inclinée où nous avions vu, la veille, une petite fille chassant ses bestiaux vers l'abreuvoir; mais ce fut le dernier jour et la dernière fois peut-être que nous passâmes par là.

Un terrain vaseux où nous enfoncions jusqu'aux chevilles s'étend de Carnac jusqu'au village de Pô. Un canot nous attendait; nous montâmes dedans ; on poussa du fond avec la rame et on hissa la voile.

Notre marin, vieillard à figure gaie, s'assit à l'arrière, attacha au plat-bord une ligne pour prendre du poisson, et laissa partir sa barque tranquille. A peine s'il faisait du vent ; la mer toute bleue n'avait pas de rides, et gardait longtemps sur elle le sillage étroit du gouvernail. Le bonhomme causait ; il nous parlait des prêtres qu'il n'aime pas, de la viande qui est une bonne chose à manger, même les jours maigres, du mal qu'il avait quand il était au service, des coups de fusil qu'il a reçus quand il était douanier..... Nous allions doucement ; la ligne tendue suivait toujours et le bout du *tape-cul* trempait dans l'eau.

La lieue qui nous resta à faire à pied pour aller de Saint-Pierre à Quiberon fut lestement avalée, malgré une route montueuse à travers des sables, malgré le soleil qui faisait crier sur nos épaules la bretelle de nos sacs, et nonobstant quantité de menhirs qui se dressaient dans la campagne.

A Quiberon nous déjeunâmes chez le vieux Rohan Belle-Isle qui tient l'hôtel Penthièvre.

Ce gentilhomme était nu-pieds dans ses savates, vu la chaleur, et trinquait avec un maçon, ce qui ne l'empêche pas d'être le descendant d'une des premières familles d'Europe; un noble de vieille race! un vrai noble, vive Dieu! qui nous a tout de suite fait cuire des homards et s'est mis à nous battre des beefsteaks.

Le passé de Quiberon se résume dans un massacre. Sa plus rare curiosité est un cimetière; il est plein, il regorge, il fait craquer ses murs, il déborde dans la rue. Les pierres tassées se brisent aux angles, montent les unes sur les autres, s'envahissent, se submergent et se confondent, comme si les morts gênés dessous soulevaient leurs épaules pour sortir de leurs tombeaux. On dirait de quelque océan pétrifié dont ces tombes sont les vagues et où les croix seraient les mâts des vaisseaux perdus.

Au milieu, un grand ossuaire tout ouvert reçoit les squelettes de ceux que l'on désensevelit pour faire place aux autres. De qui donc cette pensée : la vie est une hôtellerie, c'est le cercueil qui est la maison? Ceux-ci ne restent pas dans la leur, ils n'en sont que les locataires et on les en chasse à la fin du bail. Autour de cet ossuaire, où cet amas d'ossements ressemble à un fouillis de bourrées, est rangée, à hauteur d'homme, une série de petites boîtes noires, de six pouces carrés chacune, recouvertes d'un toit, surmontées d'une croix, et percées sur la face extérieure d'un cœur à jour qui laisse voir dedans une tête de mort. Au-dessus du cœur, on lit en lettres peintes : « Ceci est le chef de***, décédé tel an, tel jour. » Ces têtes n'ont appartenu qu'à des gens d'un certain rang, et l'on passerait pour mauvais fils, si au bout de sept ans on ne donnait au crâne de ses parents le luxe de ce petit coffre. Quant au reste du corps, on le rejette dans l'ossuaire; vingt-cinq ans après, on y jette aussi la tête. Il y a quelques années, on voulut abolir cette coutume. Une émeute se fit, elle resta.

Il peut être mal de jouer ainsi avec ces boules rondes qui ont contenu la pensée, avec ces cercles vides où battait l'amour. Toutes ces boîtes, le long de l'ossuaire, sur les tombes, dans l'herbe, sur le mur, pêle-mêle, peuvent sembler horribles à plusieurs, ridicules à d'autres; mais ces bois noirs se pourrissant à mesure que les os qu'ils renferment blanchissent et s'égrènent;

ces têtes vous regardant avec leur nez rongé, leurs orbites creuses et leur front qui luit par place sous la traînée gluante des limaçons ; ces fémurs entassés là comme dans les grands charniers de la Bible ; ces fragments de crânes qui roulent pleins de terre, et où parfois, comme dans un pot de porcelaine, a poussé quelque fleur qui sort par le trou des yeux ; la vulgarité même de ces inscriptions pareilles les unes aux autres, comme le sont entre eux les morts qu'elles désignent, toute cette pourriture humaine, disposée de cette façon, nous a paru fort belle et nous a procuré un solide et bon spectacle.

Si la poste d'Auray eût été arrivée, nous fussions partis tout de suite pour Belle-Isle ; mais on attendait la poste d'Auray. Assis dans la cuisine de l'auberge, en chemise et les bras nus, les marins de passage patientaient en buvant chopine.

— A quelle heure arrive-t-elle donc, la poste d'Auray ?

— C'est selon ; à dix heures d'ordinaire, répondit le patron.

— Non, à onze heures, dit un autre.

— A midi, fit M. de Rohan.

— A une heure.

— A une heure et demie.

— Souvent elle n'est pas ici avant deux heures.

— C'est pas régulier!

Nous en étions convaincus; il en était trois.

On ne pouvait partir avant l'arrivée de ce malencontreux courrier qui apporte pour Belle-Isle les dépêches de la terre ferme. Il fallait se résigner. On allait sur le devant de la porte, on regardait dans la rue, on rentrait, on ressortait. « Ah! il ne viendra pas aujourd'hui. — Il sera resté en route. — Faut nous en aller. — Non, attendons-le. — Si ces messieurs s'ennuient trop après tout..... — Au fait, peut-être n'y a-t-il pas de lettres? — Non, encore un petit quart d'heure. — Ah! c'est lui! » Ce n'était pas lui, et le dialogue recommençait.

Enfin, un trot de cheval fatigué qui bat le briquet, un bruit de grelots, un coup de fouet, un homme qui crie : « ho! ho! voilà la poste! voilà la poste! »

Le cheval s'arrêta net à la porte, rentra son échine, tendit le cou, allongea le museau en montrant les dents, écarta les jambes de derrière et se leva sur ses jarrets.

La rosse était haute, cagneuse, osseuse, sans poils à la crinière, le sabot rongé, les fers battants; la croupière lui déchirait la queue; un séton sautait à son poitrail. Perdu dans une selle qui l'engouffrait, retenu en arrière par une valise, en avant par le grand portefeuille aux lettres passé dans l'arçon, son cavalier, huché dessus, se tenait ratatiné comme un singe. Sa petite figure à poils rares et blonds, ridée et racornie comme une pomme de rainette, disparaissait sous un chapeau de toile cirée doublé de feutre; une sorte de paletot de coutil gris lui remontait jusqu'aux hanches et lui entourait le ventre d'un cercle de plis ramassés, tandis que son pantalon sans sous-pieds qui se relevait et s'arrêtait aux genoux laissait voir à nu ses mollets rougis par le frottement des étrivières, avec ses bas bleus descendus sur le bord de ses souliers. Des ficelles rattachaient les harnais de la bête; des bouts de fil noir ou rouge avaient recousu le vêtement du cavalier; des reprises de toutes couleurs, des taches de toutes formes, de la toile en lambeaux, du cuir gras, de la crotte séchée, de la poussière nouvelle, des cordes qui pendaient, des guenilles qui brillaient, de la crasse sur l'homme, de la gale sur la bête, l'un chétif et suant, l'autre étique et soufflant, le premier avec son fouet, le second avec ses grelots ; tout cela ne faisait qu'une même chose ayant même teinte et même mouvement, exécutant presque mêmes gestes, servant au même usage, dont l'ensemble s'appelle la poste d'Auray.

Au bout d'une heure encore, quand on eut pris dans le pays nombre de paquets et de commissions, et qu'on eut, de plus, attendu quelques passagers qui devaient venir, on quitta enfin l'auberge et l'on avisa à s'embarquer. Ce fut d'abord un pêle-mêle de bagages et de gens, d'avirons qui vous barraient les jambes, de voiles qui vous retombaient sur le nez, l'un s'embarrassant dans l'autre et ne trouvant pas où se mettre ; puis tout se calma, chacun prit son coin, trouva sa place, les bagages au fond, les marins debout sur les bancs, les passagers où ils purent.

Nulle brise ne soufflait, et les voiles pendaient droites le long des mâts. La lourde chaloupe se soulevait à peine sur la mer presque immobile qui se gonflait et s'abaissait avec le doux mouvement d'une poitrine endormie.

Appuyés sur l'un des plats-bords, nous regardions l'eau qui était bleue comme le ciel et calme comme lui, et nous écoutions le bruit des grands avirons qui battaient l'onde et criaient dans les tolets. A l'ombre des voiles, les six rameurs entre-croisés les levaient lentement en mesure et les poussaient devant eux ; ils tombaient et se relevaient, égrenant des perles au bout de leurs palettes.

Couchés dans la paille, sur le dos, assis sur les bancs, les jambes ballantes et le menton dans les mains ou postés contre les parois du bateau, entre les gros jambages de la membrure dont le goudron se fondait à la chaleur, les passagers silencieux baissaient la tête et fermaient les yeux à l'éclat du soleil frappant sur la mer plate comme un miroir.

Un homme à cheveux blancs dormait par terre à mes pieds, un gendarme suait sous son tricorne, deux soldats avaient ôté leurs sacs et s'étaient couchés dessus. Près du beaupré, le mousse regardait dans le foc et sifflait pour appeler le vent; debout, à l'arrière, le patron faisait tourner la barre.

Le vent ne venait pas. On abattit les voiles qui descendirent tout doucement en faisant sonner le fer des rocambots et affaissèrent sur les bancs leur draperie lourde ; puis chaque matelot défit sa veste, la serra sous l'avant, et tous alors recommencèrent, en poussant de la poitrine et des bras, à mouvoir les immenses avirons qui se ployaient dans leur longueur.

. . . .

..... On avait tant tardé à partir, qu'à peine s'il y avait de l'eau dans le port, et nous eûmes grand mal à y entrer. Notre quille frôlait contre les petits cailloux du fond, et pour descendre à terre il nous fallut marcher sur une rame comme sur la corde raide.

Resserré entre la citadelle et ses remparts et coupé au milieu par un port presque vide, le Palay nous parut une petite ville assez sotte qui transsude un ennui de garnison et a je ne sais quoi d'un sous-officier qui bâille.

Ici, on ne voit plus les chapeaux de feutre noir du Morbihan, bas de forme, immenses d'envergure et abritant les épaules. Les femmes n'ont pas ces grands bonnets blancs qui s'avancent devant leur visage comme ceux des religieuses et, par derrière, retombent jusqu'au milieu du dos, vêtissant ainsi chez les petites filles la moitié du corps. Leurs robes sont privées du large galon de velours appliqué sur l'épaule qui, dessinant le contour de l'omoplate, va se perdre sous les aisselles. Leurs pieds non plus ne portent point ces souliers découverts, ronds du bout, hauts de talons et ornés de longs rubans noirs qui frôlent la terre. C'est, comme partout, des figures qui se ressemblent, des costumes qui n'en sont pas, des bornes, des pavés et même un trottoir.

Était-ce la peine de s'être exposés au mal de mer, que nous n'avions pas eu d'ailleurs, ce qui nous rendait indulgents, pour n'avoir à contempler que la citadelle, dont nous nous soucions fort peu, le phare, dont nous nous inquiétions encore moins, ou le rempart de Vauban qui nous ennuyait déjà. Mais on nous avait parlé des roches de Belle-Isle. Incontinent donc, nous dépassâmes les portes, et coupant net à travers champs, rabattîmes sur le bord de la mer.

Nous ne vîmes qu'une grotte, une seule (le jour baissait), mais qui nous parut si belle (elle était tapissée de varechs et de coquilles et avait des gouttes d'eau qui tombaient d'en haut) que nous résolûmes de rester le lendemain à Belle-Isle pour en chercher de pareilles, s'il y en avait, et nous repaître à loisir les yeux du régal de toutes ces couleurs.

Le lendemain donc, sitôt qu'il fit jour, ayant rempli une gourde, fourré dans un de nos sacs, un morceau de pain avec une tranche de viande, nous prîmes la clef des champs, et, sans guide ni renseignement quelconque (c'est là la bonne façon), nous nous mîmes à marcher, décidés à aller n'importe où, pourvu que ce fût loin, et à rentrer n'importe quand, pourvu que ce fût tard.

Nous commençâmes par un sentier dans les herbes; il suivait le haut de la falaise, montait sur ses pointes, descendait dans ses vallons et se continuait dessus en faisant comme elle le tour de l'île.

Quand un éboulement l'avait coupé, nous remontions plus loin dans la campagne, et, nous réglant sur l'horizon de la mer, dont la barre bleue touchait le ciel, nous regagnions ensuite le haut de la crête que nous retrouvions à l'improviste ouvrant son abîme à nos côtés. La pente à pic sur le sommet de laquelle nous marchions ne nous laissait rien voir du flanc des rochers ; nous entendions seulement au-dessous de nous le grand bruit battant de la mer.

Quelquefois la roche s'ouvrait dans toute sa grandeur, montrait subitement ses deux pans presque droits que rayaient des couches de silex et où avaient poussé de petits bouquets jaunes. Si on jetait une pierre, elle semblait quelque temps suspendue, puis se heurtait aux parois, déboulait en ricochant, se brisait en éclats, faisait rouler de la terre, entraînait des cailloux, finissait sa course en s'enfouissant dans les graviers ; et on entendait crier les cormorans qui s'envolaient.

Souvent les pluies d'orage et les dégels avaient chassé dans ces gorges une partie des terrains supérieurs qui, s'y étant écoulés graduellement, en avaient adouci la pente, de manière à y pouvoir descendre. Nous nous risquâmes dans l'une d'elles, et, nous laissant glisser sur le derrière en nous enrayant des pieds et nous retenant des mains, nous arrivâmes enfin au bas du beau sable mouillé.

La marée baissait, mais il fallait pour passer

attendre le retrait des vagues. Nous les regardions venir. Elles écumaient dans les roches, à fleur d'eau, tourbillonnaient dans les creux, sautaient comme des écharpes qui s'envolent, retombaient en cascades et en perles, et dans un long balancement ramenaient à elles leur grande nappe verte. Quand une vague s'était retirée sur le sable, aussitôt les courants s'entre-croisaient en fuyant vers des niveaux plus bas. Les varechs remuaient leurs lanières gluantes, l'eau débordait des petits cailloux, sortait par les fentes des pierres, faisait mille clapotements, mille jets. Le sable trempé buvait son onde, et, se séchant au soleil, blanchissait sa teinte jaune.

Dès qu'il y avait de la place pour nos pieds, sautant par-dessus les roches, nous continuions devant nous. Elles augmentaient bientôt leur amoncellement désordonné, bousculées, entassées, renversées l'une sur l'autre. Nous nous cramponnions de nos mains qui glissaient, de nos pieds qui se crispaient en vain sur leurs aspérités visqueuses.

La falaise était haute, si haute qu'on en avait presque peur quand on levait la tête. Elle nous écrasait de sa placidité formidable et elle nous charmait pourtant; car on la contemplait malgré soi et les yeux ne s'en lassaient pas.

Il passa une hirondelle, nous la regardâmes voler; elle venait de la mer; elle montait doucement, coupant au tranchant de ses plumes l'air fluide et lumineux où ses ailes nageaient en plein et semblaient jouir de se développer toutes libres. Elle monta encore, dépassa la falaise, monta toujours et disparut.

Cependant nous rampions sur les rochers, dont chaque détour de la côte nous renouvelait la perspective. Ils s'interrompaient par moment, et alors nous marchions sur des pierres carrées, plates comme des dalles, où des fentes se prolongeant presque symétriques semblaient les ornières de quelque antique voie d'un autre monde.

De place en place, immobiles comme leur fond verdâtre, s'étendaient de grandes flaques d'eau qui étaient aussi limpides, aussi tranquilles, et ne remuaient pas plus qu'au fond des bois, sur son lit de cresson, à l'ombre des saules, la source la plus pure; puis, de nouveau les rochers se présentaient plus serrés, plus accumulés. D'un côté, c'était la mer dont les flots sautaient dans les basses roches ; de l'autre, la côte droite, ardue, infranchissable.

Fatigués, étourdis, nous cherchions une issue ; mais toujours la falaise s'avançait devant nous, et les rochers, étendant à l'infini leurs sombres masses de verdure, faisaient succéder de l'un à l'autre leurs têtes inégales qui grandissaient en se multipliant comme des fantômes noirs sortant de dessous terre.

Nous roulions ainsi à l'aventure, quand nous vîmes tout à coup, serpentant en zigzag dans la roche, une valleuse qui nous permettait, comme par une échelle, de regagner la rase campagne.

. . . .

..... N'importe, c'est toujours un plaisir, même quand la campagne est laide, que de se promener à deux tout au travers, en marchant dans les herbes, en traversant les haies, en sautant les fossés, abattant des chardons avec votre bâton, arrachant avec vos mains les feuilles et les épis, allant au hasard comme l'idée vous pousse, comme les pieds vous portent, chantant, sifflant, causant, rêvant, sans oreille qui vous écoute, sans bruit de pas derrière vos pas, libres comme au désert !

Ah! de l'air! de l'air! de l'espace encore! Puisque nos âmes serrées étouffent et se meurent sur le bord de la fenêtre, puisque nos esprits captifs, comme l'ours dans sa fosse, tournent toujours sur eux-mêmes et se heurtent contre ses murs, donnez au moins à nos narines le parfum de tous les vents de la terre, laissez s'en aller mes yeux vers tous les horizons!

Aucun clocher ne montrait au loin son toit reluisant d'ardoises, pas un hameau n'apparaissait au revers d'un pli de terrain, ajustant dans un bouquet d'arbres ses toits de chaume et ses cours carrées; on ne rencontrait personne, ni paysan qui passe, ni mouton qui broute, ni chien qui rôde.

Tous ces champs cultivés n'avaient pas l'air habité; on y travaille, on n'y vit point. On dirait que tous ceux qui les ont en profitent, mais ne les aiment pas.

Nous avons vu une ferme, nous sommes entrés dedans; une femme en guenilles nous a servi dans des tasses de grès du lait frais comme la glace. C'était un silence singulier. Elle nous regardait avidement, et nous sommes repartis.

Nous sommes descendus dans un vallon dont

la gorge étroite semblait s'étendre vers la mer. De longues herbes à fleurs jaunes nous montaient jusqu'au ventre. Nous avancions en faisant de grandes enjambées. Nous entendions de l'eau couler près de nous et nous enfoncions dans la terre marécageuse. Les deux collines vinrent à s'écarter, portant toujours sur leurs versants arides un gazon ras que des lichens plaquaient par intervalles comme de grandes taches jaunes. Au pied de l'une d'elles un ruisseau passait parmi les bas rameaux des arbrisseaux rabougris qui avaient poussé sur ses bords et s'allait perdre plus loin dans une mare immobile où des insectes à grandes pattes se promenaient sur la feuille des nénuphars.

Le soleil dardait. Les moucherons bruissaient leurs ailes, et faisaient courber la pointe des joncs sous le poids de leurs corps légers. Nous étions seuls tous les deux dans la tranquillité de cette solitude.

En cet endroit le vallon s'arrondissait en s'élargissant et faisait un coude sur lui-même. Nous montâmes sur une butte pour découvrir au delà; mais l'horizon s'arrêtait vite, enclos par une autre colline, ou bien étendait de nouvelles plaines. Nous prîmes courage cependant et continuâmes à avancer, tout en pensant à ces voyageurs abandonnés dans les îles, qui grimpent sur les promontoires, pour apercevoir au loin quelque voile venant à eux.

Le terrain devint plus sec, les herbes moins hautes ; la mer tout à coup se présenta devant nous, resserrée dans une anse étroite, et bientôt sa grève faite de débris de madrépores et de coquilles se mit à crier sous nos pas. Nous nous laissâmes tomber par terre, nous nous endormîmes, épuisés de fatigue. Une heure après, réveillés par le froid, nous nous remîmes en marche, sûrs cette fois de ne pas nous perdre ; nous étions sur la côte qui regarde la France, et nous avions le Palay à notre gauche. C'était sur ce rivage que nous avions vu la veille la grotte qui nous avait tant charmés. Nous ne fûmes pas longtemps à en trouver d'autres, plus hautes encore et plus profondes.

Elles s'ouvraient toujours par de grandes ogives, droites ou penchées, poussant leurs jets hardis sur d'énormes pans de rocs. Noires et veinées de violet, rouges comme du feu, brunes avec des lignes blanches, elles découvraient pour nous qui les venions voir toutes les variétés de leurs teintes et de leurs formes, leurs grâces, leurs fantaisies grandioses. Il y en avait une couleur d'argent que traversaient des veines de sang; dans une autre des touffes de fleurs ressemblant à des primevères s'étaient écloses sur les glacis de granit rougeâtre, et du plafond tombaient sur le sable fin des gouttes lentes qui recommençaient toujours. Au fond de l'une d'elles, sous un cintre allongé, un lit de gravier blanc et poli, que la marée sans doute retournait et refaisait chaque jour, semblait être là pour recevoir au sortir des flots le corps de la naïade ; mais sa couche est vide et pour toujours l'a perdue! Il ne reste que ces varechs encore humides où elle étendait ses beaux membres nus fatigués de la nage et sur lesquels, jusqu'à l'aurore, elle dormait au clair de lune.

Le soleil se couchait. La marée montait au fond sur les roches, qui s'effaçaient dans le brouillard bleu du soir, que blanchissait sur le niveau de la mer l'écume des vagues rebondissantes; à l'autre partie de l'horizon, le ciel rayé de longues lignes orange avait l'air balayé comme par de grands coups de vent. Sa lumière reflétée sur les flots les dorait d'une moire chatoyante; se projetant sur le sable, elle le rendait brun et faisait briller dessus un semis d'acier.

A une demi-lieue vers le sud, la côte allongeait vers la mer une file de rochers. Il fallait pour les joindre recommencer une marche pareille à celle que nous avions faite le matin. Nous étions fatigués, il y avait loin; mais une tentation nous poussait vers là-bas, derrière cet horizon. La brise arrivait dans le creux des pierres; les flaques d'eau se ridaient; les goëmons accrochés aux flancs des falaises tressaillaient, et du côté d'où la lune allait venir, une clarté pâle montait de dessous les eaux.

C'était l'heure où les ombres sont longues. Les rochers étaient plus grands, les vagues plus vertes. On eût dit aussi que le ciel s'agrandissait et que toute la nature changeait de visage.

Donc nous partîmes en avant, au delà, sans nous soucier de la marée, ni s'il y aurait plus tard un passage pour gagner terre. Nous avions besoin jusqu'au bout d'abuser de notre plaisir et de le savourer sans en rien perdre. Plus légers que le matin, nous sautions, nous courions sans fatigue, sans obstacle, une verve de corps nous emportait malgré nous et nous éprouvions dans les muscles des espèces de tressaillements d'une volupté robuste et singulière. Nous secouions nos têtes au vent et nous avions du plaisir à toucher les herbes avec nos mains. Aspirant l'odeur des flots, nous humions, nous évoquions à nous tout ce qu'il y avait de couleurs, de rayons, de murmures : le dessin des varechs, la douceur des grains de sable, la dureté du roc qui sonnait sous nos pieds, les altitudes de la falaise, la frange des vagues, les découpures du rivage, la voix de l'horizon ; et puis, c'était la brise qui passait comme d'invisibles baisers qui nous coulaient sur la figure, le ciel où il y avait des nuages allant vite, roulant une poudre d'or, la lune qui se levait, les étoiles qui se montraient. Nous nous roulions l'esprit dans la profusion de ces splendeurs, nous en repaissions nos yeux ; nous en écartions les narines, nous en ouvrions les oreilles ; quelque chose de la vie des éléments émanant d'eux-mêmes, sans doute à l'attraction de nos regards, arrivait jusqu'à nous et, s'y assimilant, faisait que nous les comprenions dans un rapport moins éloigné, que nous les sentions plus en avant, grâce à cette union plus complexe. A force de nous en pénétrer, d'y entrer, nous devenions nature aussi, nous nous diffusions en elle, elle nous reprenait, nous sentions qu'elle gagnait sur nous et nous en avions une joie démesurée; nous aurions voulu nous y perdre, être pris par elle ou l'emporter en nous. Ainsi que dans les transports de l'amour, on souhaite plus de mains pour palper, plus de lèvres pour baiser, plus d'yeux pour voir, plus d'âme pour aimer; nous étalant dans la nature dans un ébattement plein de délire et de joies, nous regrettions que nos yeux ne pussent aller jusqu'au sein des rochers, jusqu'au fond des mers, jusqu'au bout du ciel, pour voir comment poussent les pierres, se font les flots, s'allument les étoiles; que nos oreilles ne pussent entendre graviter dans la terre la fermentation des granits, la sève pousser dans les plantes, les coraux rouler dans les solitudes de l'Océan. Et dans la sympathie de cette effusion contemplative, nous aurions voulu que notre âme, irradiant partout, allât vivre dans toute cette vie pour revêtir toutes ses formes, durer comme elles, et se variant toujours, toujours pousser au soleil de l'éternité ses métamorphoses !

Mais l'homme n'est fait pour goûter chaque jour que peu de nourriture, de couleurs, de sons, de sentiments, d'idées. Ce qui dépasse la mesure le fatigue ou le grise ; c'est l'idiotisme de l'ivrogne, c'est la folie de l'extatique. Ah ! que notre verre est petit, mon Dieu ! que notre soif est grande ! que notre tête est faible !

. . . .

..... Pour nous en retourner à Quiberon, il fallut, le lendemain, nous lever avant sept heures, ce qui exigea du courage. Encore raides de fatigue et tout grelottants de sommeil, nous nous empilâmes dans la barque, en compagnie d'un cheval blanc, de deux voyageurs pour le commerce, du même gendarme borgne et du même fusilier qui, cette fois, ne moralisait personne. Gris comme un cordelier et roulant sous les bancs, il avait fort à faire pour retenir son shako qui lui vacillait sur la tête et pour se défendre de son fusil qui lui cabriolait dans les jambes. Je ne sais qui de lui ou du gendarme était le plus bête des deux. Le gendarme n'était pas ivre, mais il était stupide. Il déplorait le peu de tenue du soldat, il énumérait les punitions qu'il allait recevoir, il se scandalisait de ses hoquets, il se formalisait de ses manières. Vu de trois quarts, du côté de l'œil absent, avec son tricorne, son sabre et ses gants jaunes, c'était certes un des plus tristes aspects de la vie humaine. Un gendarme est, d'ailleurs, quelque chose d'essentiellement bouffon, que je ne puis considérer sans rire ; effet grotesque et inexplicable, que cette base de la sécurité publique a l'avantage de m'occasionner, avec les procureurs du roi, les magistrats quelconques et les professeurs de belles-lettres.

Incliné sur le flanc, le bateau coupait les vagues qui filaient le long du bordage en tordant de l'écume. Les trois voiles bien gonflées arrondissaient leur courbe douce. La mâture criait, l'air sifflait dans les poulies. A la proue, le nez dans la brise, un mousse chantait. Nous n'entendions pas les paroles, mais c'était un air lent, tranquille et monotone qui se répétait toujours, ni plus haut, ni plus bas, et qui se prolongeait en mourant, avec des ondulations traînantes.

Cela s'en allait doux et triste sur la mer, comme dans une âme un souvenir confus qui passe.

Le cheval se tenait debout, du mieux qu'il pouvait sur ses quatre pieds et mordillait sa botte de foin. Les matelots, les bras croisés, souriaient en regardant dans les voiles.

. . . .

..... Donc, nous allions sans mot dire, du mieux que nous pouvions, sans jamais atteindre au fond de la baie où avait l'air de se trouver Plouharnel. Nous y arrivâmes cependant. Mais là, nous tombions dans la mer. Nous avions pris le côté droit du rivage, tandis qu'on devait suivre le gauche. Il fallut rebrousser chemin et recommencer une partie de la route.

Un bruit étouffé se fit entendre. Un grelot sonna, un chapeau parut. C'était la poste d'Auray. Toujours même homme, même cheval, même sac aux lettres. Il s'en allait tranquillement vers Quiberon dont il reviendra tantôt pour s'en retourner demain. C'est l'hôte du rivage; il le passe le matin, il le repasse le soir. Sa vie est de le parcourir; lui seul l'anime, il en fait l'épisode, j'allais presque dire la grâce.

Il s'arrête; nous lui parlons deux minutes, il nous salue et il repart.

Quel ensemble que celui-là ! Quel homme et quel cheval ! Quel tableau ! Callot, sans doute, l'aurait reproduit ; il n'y avait que Cervantès pour l'écrire.

Après avoir passé sur de grandes parties de roc qu'on a essayé d'aligner dans la mer, pour raccourcir la route, en coupant le fond de la baie, nous arrivâmes enfin à Plouharnel.

Le village était tranquille, les poules gloussaient dans les rues, et dans les jardins enclos de murs de pierres sèches, les orties ont poussé au milieu de carrés d'avoine.

Comme nous étions devant la maison de notre hôte, assis à prendre l'air, un vieux mendiant a passé. Il était en guenilles, grouillant de vermine, rouge comme du vin, hérissé, suant, la poitrine débraillée, la bouche baveuse.

Le soleil reluisait sur ses haillons, sa peau violette et presque noire semblait transsuder du sang. Il beuglait d'une voix terrible en frappant à coups redoublés contre la porte d'une maison voisine.

. . . .

CHAPITRE IV

.... Quimper, quoique centre de la vraie Bretagne, est distinct d'elle. Sa promenade d'ormeaux, le long de la rivière, qui coule entre les quais et porte navires, la rend fort coquette, et le grand hôtel de la préfecture, recouvrant à lui seul le petit delta de l'ouest, lui donne une tournure toute française et administrative. Vous vous apercevez que vous êtes dans un chef-lieu de département, ce qui vous rappelle aussitôt les divisions par arrondissements, avec les grandes, moyennes et petites vicinalités, les comités d'instruction primaire, les caisses d'épargne, les conseils généraux et autres inventions modernes qui enlèvent toujours aux lieux qui en sont doués quelque peu de couleur locale pour le voyageur naïf qui la rêve.

N'en déplaise aux gens qui prononcent ce nom de Quimper-Corentin, comme le nom même du ridicule et de l'encroûtement provincial, c'est un charmant petit endroit et qui en vaut beaucoup d'autres plus respectés. Vous n'y retrouvez pas, il est vrai, les fantaisies de Quimperlé, le luxe de ses herbes, le tapage de ses couleurs; mais je sais peu de choses d'un aspect aussi agréable que cette allée qui s'en va indéfiniment au bord de l'eau et sur laquelle l'escarpement presque à pic d'une montagne toute proche déverse l'ombre foncée de sa verdure plantureuse.

On n'est pas longtemps à faire le tour de semblables cités, à les connaître jusque dans leurs replis les plus intimes et l'on y découvre parfois des coins qui arrêtent et vous mettent le cœur en joie. Les petites villes, en effet, comme les petits appartements, paraissent d'abord plus chaudes et plus commodes à vivre. Mais restez sur votre illusion. Les seconds ont plus de vents coulis qu'un palais, et dans les premières il y a plus d'ennui qu'au désert.

En revenant vers l'hôtel par un de ces bons sentiers comme nous les aimons, un de ces sentiers qui montent, descendent, tournent et reviennent, tantôt le long des murs, tantôt dans un champ, puis entre des broussailles et dans le gazon, ayant tour à tour des cailloux, des marguerites et des orties, sentiers vagabonds faits pour les pensées flâneuses et les causeries à arabesques ; en revenant donc vers la ville, nous avons entendu sortir de dessous le toit d'ardoises d'un bâtiment carré des gémissements et des bêlements plaintifs. C'était l'abattoir.

Sur le seuil, un grand chien lapait dans une mare de sang et tirait lentement du bout des dents le cordon bleu des intestins d'un bœuf qu'on venait de lui jeter. La porte des cabines était ouverte. Les bouchers besognaient, les bras retroussés. Suspendu, la tête en bas, et les pieds passés par un tendon dans un bâton tombant du plafond, un bœuf, soufflé et gonflé comme une outre, avait la peau du ventre fendue en deux lambeaux. On voyait s'écarter doucement avec elle la couche de graisse qui la doublait et successivement apparaître dans l'intérieur, au tranchant du couteau, un tas de choses vertes, rouges et noires, qui avaient des couleurs superbes. Les entrailles fumaient ; la vie s'en échappait dans une fumée tiède et nauséabonde. Près de là, un veau couché par terre fixait sur la rigole de sang ses gros yeux ronds épouvantés, et tremblait convulsivement malgré les liens qui lui serraient les pattes. Ses flancs battaient, ses narines s'ouvraient. Les autres loges étaient remplies de râles prolongés, de bêlements chevrotants, de beuglements rauques. On distinguait la voix de ceux qu'on tuait, celle de ceux qui se mouraient, celle de ceux qui allaient mourir. Il y avait des cris singuliers, des intonations d'une détresse profonde qui semblaient dire des mots qu'on aurait presque pu comprendre. En ce moment, j'ai eu l'idée d'une ville terrible, de quelque ville épouvantable et démesurée, comme serait une Babylone ou une Babel de Cannibales où il y aurait des abattoirs d'hommes ; et j'ai cherché à retrouver quelque chose des agonies humaines, dans ces égorgements qui bramaient et sanglotaient. J'ai songé à des troupeaux d'esclaves amenés là, la corde au cou, et noués à des anneaux, pour nourrir des maîtres qui les mangeaient sur des tables d'ivoire, en s'essuyant les lèvres à des nappes de pourpre. Auraient-ils des poses plus abattues, des regards plus tristes, des prières plus déchirantes?

. . . .

..... Étant à Quimper, nous sortîmes un jour par un côté de la ville et rentrâmes par l'autre, après avoir marché dans la campagne pendant huit heures environ.

Sous le porche de l'hôtel notre guide nous attendait. Il se mit aussitôt à courir devant nous, et nous le suivîmes. C'était un petit bonhomme en cheveux blancs, coiffé d'une casquette de toile, chaussé de souliers percés et vêtu d'une vieille redingote brune trop large qui lui flottait autour de la taille. Il bredouillait en parlant, se cognait les genoux en marchant et roulait sur lui-même; néanmoins il avançait vite et avec une opiniâtreté nerveuse, presque fébrile. De temps à autre, seulement, il arrachait une feuille d'arbre et se la collait contre la bouche pour se rafraîchir. Son métier est de courir les environs, pour aller porter les lettres ou faire des commissions. Il va ainsi à Douarnenez, à Quimperlé, à Brest, jusqu'à Rennes qui est à quarante lieues de là (voyage qu'il a exécuté une fois en quatre journées, y compris l'aller et le retour). « Toute son ambition, disait-il, est de retourner encore une fois dans sa vie à Rennes. » Et cela, sans autre but que d'y retourner, pour y retourner, afin de faire une longue course et pour pouvoir s'en vanter ensuite. Il sait toutes les routes, il connaît toutes les communes avec leurs clochers; il prend des chemins de traverse à travers champs, ouvre les barrières des cours et, en passant devant les maisons, souhaite le bonjour aux maîtres. A force d'entendre chanter les oiseaux, il s'est appris à imiter leurs cris, et, tout en marchant sous les arbres, il siffle comme eux pour charmer sa solitude.

Nous nous arrêtâmes d'abord à un quart de lieue de la ville, à Loc-Maria, ancien prieuré, jadis donné à l'abbaye de Fontevrault par Conan III. Le prieuré n'a pas, comme l'abbaye du pauvre Robert d'Arbriselle, été utilisé d'une ignoble manière. Il est abandonné, mais sans souillures. Son portail gothique ne retentit pas de la voix des garde-chiourmes, et s'il en reste peu de chose, l'esprit, du moins, n'éprouve ni révolte ni dégoût. Il n'y a de curieux comme détail, dans cette petite chapelle d'un vieux roman sévère, qu'un grand bénitier posé sans pilier sur le sol et dont le granit taillé à pans est devenu presque noir. Large, profond, il représente bien le vrai bénitier catholique, fait pour y plonger tout entier le corps d'un enfant, et non pas ces cuvettes étroites de nos églises dans lesquelles on trempe le bout du doigt. Avec son eau claire rendue plus limpide encore par la couche verdâtre du fond, cette végétation qui a sourdi dans le calme religieux des siècles, ses angles usés, sa lourde masse à couleur de bronze, il ressemble à un de ces rochers creusés d'eux-mêmes dans lesquels on trouve de l'eau de mer.

Quand nous eûmes bien tourné autour, nous redescendîmes vers la rivière que nous traversâmes en bateau et nous nous enfonçâmes dans la campagne.

Elle est déserte et singulièrement vide. Des arbres, des genêts, des ajoncs, des tamaris au bord des fossés, des landes qui s'étendent, et d'hommes nulle part. Le ciel était pâle ; une pluie fine, mouillant l'air, mettait sur le pays comme un voile uni qui l'enveloppait d'une teinte grise. Nous allions dans des chemins creux qui s'engouffraient sous des berceaux de verdure, dont les branches réunies, s'abaissant en voûtes sur nos têtes, nous permettaient à peine d'y passer debout. La lumière arrêtée par le feuillage était verdâtre et faible comme celle d'un soir d'hiver. Tout au fond cependant on voyait jaillir un jour vif qui jouait au bord des feuilles et en éclairait les découpures. Puis on se trouvait au haut de quelque pente aride, descendant toute plate et unie, sans un brin d'herbe qui tranchât sur l'uniformité de sa couleur jaune. Quelquefois, au contraire, s'élevait une longue avenue de hêtres dont les gros troncs luisants avaient de la mousse à leurs pieds. Des traces d'ornières passaient là, comme pour mener à quelque château qu'on s'attendait à voir; mais l'avenue s'arrêtait tout à coup et la rase campagne s'étalait au bout. Dans l'écartement de deux vallons, elle développait sa verte étendue sillonnée en balafres noires par les lignes capricieuses des haies, tachées çà et là par le massif d'un bois, enluminée par des bouquets d'ajoncs, ou blanchie par quelque champ cultivé au bord des prairies qui remontaient lentement vers les collines et se perdaient dans l'horizon. Au-dessus d'elles, bien loin à travers la brune, dans un trou du ciel, apparaissait un méandre bleu, c'était la mer.

Les oiseaux se taisent ou sont absents ; les feuilles sont épaisses, l'herbe étouffe le bruit des pas, et la contrée muette vous regarde comme un triste visage. Elle semble faite exprès pour recevoir les existences en ruines, les douleurs résignées. Elles pourront solitairement y nourrir leurs amertumes à ce lent murmure des arbres et des genêts et sous ce ciel qui pleure. Dans les nuits d'hiver, quand le renard se glisse sur les feuilles sèches, quand les tuiles tombent des colombiers, que la lande fouette ses joncs, que les hêtres se courbent, et qu'au clair de lune le loup galope sur la neige, assis tout seul près du foyer qui s'éteint, en écoutant le vent hurler dans les longs corridors sonores, c'est là qu'il doit être doux de tirer du fond de son cœur ses désespoirs les plus chéris avec ses amours les plus oubliées.

Nous avons vu une masure en ruines où l'on entrait par un portail gothique ; plus loin se dressait un vieux pan de mur troué d'une porte en ogive ; une ronce dépouillée s'y balançait à la brise. Dans la cour, le terrain inégal est couvert de bruyères, de violettes et de cailloux. On distingue vaguement des anciens restes de douves ;

on entre quelques pas dans un souterrain comblé; on se promène là-dedans, on regarde et on s'en va. Ce lieu s'appelle le *temple des faux Dieux*, et était, à ce que l'on suppose, une commanderie de templiers.

Notre guide est reparti devant nous, nous avons continué à le suivre.

Un clocher est sorti d'entre les arbres; nous avons traversé un champ en friche, escaladé le haut bord d'un fossé; deux ou trois maisons ont paru : c'était le village de Pomelin. Un sentier fait la rue; quelques maisons, séparées entre elles par des cours plantées, composent le village. Quel calme! quel abandon plutôt! les seuils sont vides, les cours sont désertes.

Où sont les maîtres? On les dirait tous partis à l'affût, se tapir derrière les genêts pour guetter le *Bleu* qui doit passer dans la ravine.

L'église est pauvre et d'une nudité sans pareille. Pas de beaux saints peinturlurés, pas de toiles aux murs, ni au plafond de lampe suspendue, oscillant au bout de sa longue corde droite. En un coin du chœur, une mèche, par terre, brûle dans un verre rempli d'huile. Des piliers ronds supportent la voûte de bois dont la couleur bleue est reteinte. Par les fenêtres à vitrail blanc arrive le grand jour des champs verdi par le feuillage d'alentour qui recouvre le toit de l'église. La porte (une petite porte en bois que l'on ferme avec un loquet) était ouverte; une volée d'oiseaux est entrée, voletant, caquetant, se collant aux murs; ils ont tourbillonné sous la voûte, sont allés se jouer autour de l'autel. Deux ou trois se sont abattus sur le bénitier, y ont trempé leur bec, et puis, tous, comme ils étaient venus, sont repartis ensemble. Il n'est pas rare en Bretagne de les voir ainsi dans les églises; plusieurs y habitent et accrochent leur nid aux pierres de la nef; on les y laisse en paix. Lorsqu'il pleut, ils accourent; mais dès que le soleil reparaît dans les vitraux et que les gouttières s'égouttent, ils regagnent les champs. De sorte que pendant l'orage deux créatures frêles entrent souvent à la fois dans la demeure bénie : l'homme pour y faire sa prière et y abriter ses terreurs, l'oiseau pour y attendre que la pluie soit passée et réchauffer les plumes naissantes de ses petits engourdis.

Un charme singulier transpire de ces pauvres églises. Ce n'est pas leur misère qui émeut, puisqu'alors même qu'il n'y a personne, on dirait qu'elles sont habitées. N'est-ce pas plutôt leur pudeur qui ravit? Car avec leur clocher bas, leur toit qui se cache sous les arbres, elles semblent se faire petites et s'humilier sous le grand ciel de Dieu. Ce n'est point, en effet, une pensée d'orgueil qui les a bâties, ni la fantaisie pieuse de quelque grand de la terre en agonie. On sent, au contraire, que c'est l'impression simple d'un besoin, le cri naïf d'un appétit, et comme le lit de feuilles sèches du pâtre, la hutte que l'âme s'est faite pour s'y étendre à l'aise à ses heures de fatigue. Plus que celles des villes, ces églises de village ont l'air de tenir au caractère du pays qui les porte et de participer davantage à la vie des familles qui, de père en fils, viennent à la même place y poser les genoux sur la même dalle. Chaque dimanche, chaque jour, en entrant et en partant, ne revoient-ils pas les tombes de leurs parents, qu'ils ont ainsi près d'eux dans la prière, comme à un foyer plus élargi d'où ils ne sont pas absents tout à fait? Ces églises ont donc un sens harmonique où, comprise entre le baptistère et le cimetière, s'accomplit la vie de ces hommes. Il n'en est pas ainsi chez nous qui, reléguant l'éternité hors barrière, exilons nos morts dans les faubourgs, pour les loger dans le quartier des équarrisseurs et des fabriques de soude, à côté des magasins de poudrette.

Vers trois heures de l'après-midi, nous arrivâmes près les portes de Quimper, à la chapelle de Kerfeunteun. Il y a, au fond, une belle verrière du xvi° siècle, représentant l'arbre généalogique de la Trinité. Jacob en forme la souche et la croix du Christ le sommet, surmonté du Père éternel qui a la tiare au front. Le clocher carré figure sur chaque face un quadrilatère percé à jour, comme une lanterne, par une longue baie droite. Il ne pose pas immédiatement sur la toiture; mais, à l'aide d'une base amincie dont les quatre côtés se rétrécissent et se touchent presque, forme un angle obtus vers la crête du toit. En Bretagne, presque toutes les églises de village ont de ces clochers-là.

Avant de rentrer dans la ville, nous fîmes un détour pour aller visiter la chapelle de la Mère-Dieu. Comme d'ordinaire on la ferme; notre guide prit en route le gardien qui en a la clé.

Il vint avec nous, emmenant par la main sa petite nièce qui s'arrêtait tout le long du chemin pour ramasser des bouquets. Il marchait devant dans le sentier. Sa mince taille d'adolescent à cambrure flexible, un peu molle, était serrée dans une veste de drap bleu ciel, et sur son dos s'agitaient les trois rubans de velours de son petit chapeau noir qui, posé soigneusement sur le derrière de la tête, retenait ses cheveux tordus en chignon.

Au fond d'un vallon, d'un ravin plutôt, l'église de la Mère-Dieu se voile sous le feuillage des hêtres. A cette place, dans le silence de cette grande verdure, à cause sans doute de son petit portail gothique que l'on croirait du xiiie siècle et qui est du xvie, elle a je ne sais quel air qui rappelle ces chapelles discrètes des vieux romans et des vieilles romances, où l'on armait chevalier le page qui partait pour la Terre-Sainte, un matin, au chant de l'alouette, quand les étoiles pâlissaient, et qu'à travers la grille passait la main blanche de la châtelaine que le baiser de départ trempait aussitôt de mille pleurs d'amour.

Nous sommes entrés. Le jeune homme s'est

agenouillé en ôtant son chapeau, et la grosse torsade de sa chevelure blonde s'est échappée et s'est dépliée dans une secousse en tombant le long de son dos. Un instant accrochée au drap rude de sa veste, elle a gardé la trace des plis qui la roulaient tout à l'heure, peu à peu est descendue, s'est écartée, étalée, répandue comme une vraie chevelure de femme. Séparée sur le milieu par une raie, elle coulait à flots égaux sur ses deux épaules et couvrait son cou nu. Toute cette nappe d'un ton doré avait des ondoiements de lumière qui changeaient et fuyaient à chaque mouvement de tête qu'il faisait en priant. A ses côtés, la petite fille à genoux comme lui avait laissé tomber son bouquet par terre. Là seulement, et pour la première fois, j'ai compris la beauté de la chevelure de l'homme et le charme qu'elle peut avoir pour des bras nus qui s'y plongent. Étrange progrès que celui qui consiste à s'écourter partout les superfétations grandioses de la nature, si bien que lorsque nous la découvrons dans toute sa vierge plénitude, nous nous en étonnons comme d'une merveille révélée.

. . . .

..... A cinq heures du soir, enfin, nous arrivâmes à Pont-l'Abbé, enduits d'une respectable couche de poussière et de boue qui se répandit de nos vêtements sur le parquet de la chambre de notre auberge, avec une prodigalité si désastreuse, que nous étions presque humiliés du gâchis que nous faisions, rien qu'en nous posant quelque part.

Pont-l'Abbé est une petite ville fort paisible, coupée dans sa longueur par une large rue pavée. Les maigres rentiers qui l'habitent ne doivent pas avoir l'air plus nul, plus modeste et plus bête.

Il y a à voir, pour ceux qui partout veulent voir quelque chose, les restes insignifiants du château et l'église ; une église qui serait passable d'ailleurs, si elle n'était encroûtée par le plus épais des badigeons qu'aient jamais rêvés les conseils de fabrique. La chapelle de la Vierge était remplie de fleurs : bouquets de jonquilles, juliennes, pensées, roses, chèvrefeuilles et jasmins mis dans des vases de porcelaine blanche ou dans des verres bleus, étalaient leurs couleurs sur l'autel et montaient entre les grands flambeaux vers le visage de la Vierge, jusque par-dessus sa couronne d'argent, d'où retombait un voile de mousseline à longs plis qui s'accrochait à l'étoile d'or du bambino de plâtre suspendu dans ses bras. On sentait l'eau bénite et le parfum des fleurs. C'était un petit coin embaumé, mystérieux, doux, à l'écart dans l'église, retraite cachée, ornée avec amour, toute propice aux exhalaisons du désir mystique et aux longs épanchements des oraisons éplorées.

Comprimée par le climat, amortie par la misère, l'homme reporte ici toute la sensualité de son cœur, il la dépose aux pieds de Marie, sous le regard de la femme céleste et il y satisfait, en l'excitant, cette inextinguible soif de jouir et d'aimer. Que la pluie entre par le toit, qu'il n'y ait ni bancs ni chaises dans la nef, partout vous n'en découvrirez pas moins luisante, frottée et coquette, cette chapelle de la Vierge, avec des fleurs fraîches et des cierges allumés. Là, semble se concentrer toute la tendresse religieuse de la Bretagne ; voilà le repli le plus mol de son cœur, c'est là sa faiblesse, sa passion, son trésor. Il n'y a pas de fleurs dans la campagne, mais il y en a dans l'église ; on est pauvre, mais la Vierge est riche ; toujours belle, elle sourit pour vous et les âmes endolories vont se réchauffer sur ses genoux, comme à un foyer qui ne s'éteint pas. On s'étonne de l'acharnement de ce peuple à ses croyances ; mais sait-on tout ce qu'elles lui donnent de délectation et de voluptés, tout ce qu'il en retire de plaisir? L'ascétisme n'est-il pas un épicurisme supérieur, le jeûne une gourmandise raffinée ? La religion comporte en soi des sensations presque charnelles ; la prière a ses débauches, la mortification son délire, et les hommes qui le soir viennent s'agenouiller devant cette statue habillée y éprouvent aussi des battements de cœur et des enivrements vagues, pendant que, dans les rues, les enfants des villes revenant de la classe s'arrêtent rêveurs et troublés à contempler sur sa fenêtre la femme ardente qui leur fait les doux yeux.

Il faut assister à ce qu'on appelle ses fêtes, pour se convaincre du caractère sombre de ce peuple. Il ne danse pas, il tourne ; il ne chante pas, il siffle. Ce soir même, nous allâmes dans un village des environs, voir l'inauguration d'une aire à battre. Deux joueurs de *biniou*, montés sur le mur de la cour, poussaient sans discontinuer le souffle criard de leur instrument, au son duquel couraient au petit trot, en se suivant à la queue du loup, deux longues files d'hommes et de femmes qui serpentaient et s'entre-croisaient. Les files revenaient sur elles-mêmes, tournaient, se coupaient et se renouaient à des intervalles inégaux. Les pas lourds battaient le sol, sans souci de la mesure, tandis que les notes aiguës de la musique se précipitaient l'une sur l'autre dans une monotonie glapissante. Ceux qui ne voulaient plus danser s'en allaient, sans que la danse en fût troublée, et ils rentraient ensuite quand ils avaient repris haleine. Pendant près d'une heure que nous considérâmes cet étrange exercice, la foule ne s'arrêta qu'une fois, les musiciens s'étant interrompus pour boire un verre de cidre ; puis, les longues lignes s'ébranlèrent de nouveau et se remirent à tourner. A l'entrée de la cour, sur une table, on vendait des noix ; à côté était un broc d'eau-de-vie, par terre une barrique de cidre ; non loin, se tenait un particulier en casquette de cuir et en redingote verte ; près de lui, un homme en veste avec un sabre suspendu par un baudrier blanc ; c'était le commissaire de police de Pont-l'Abbé avec son garde champêtre.

Bientôt, M. le commissaire tira sa montre de sa poche, fit un signe au garde qui alla parler à quelques paysans et l'assemblée se dispersa.

Nous nous en revînmes tous quatre de compagnie à la ville et nous eûmes dans ce trajet le loisir d'admirer encore ici une de ces combinaisons harmoniques de la Providence qui avait fait ce commissaire de police pour ce garde champêtre et ce garde champêtre pour ce commissaire de police. Ils étaient emboîtés, engrenés l'un dans l'autre. Le même fait leur occasionnait la même réflexion, de la même idée ils tiraient des déductions parallèles. Quand le commissaire riait, le garde souriait; quand il prenait un air grave, l'autre avait un air sombre; si la redingote disait : « il faut faire cela, » la veste répondait : « j'y avais songé; » si elle continuait : « c'est nécessaire, » celle-ci ajoutait : « c'est indispensable. » Et les rapports de rang et d'autorité n'en restaient pas moins, malgré cette adhésion intime, respectivement distincts. Ainsi, le garde élevait la voix moins haut que le commissaire, était un peu plus petit et marchait derrière. Le commissaire, poli, important, beau parleur, se consultait, ruminait à part, causait tout seul et faisait claquer sa langue ; le garde était doux, attentif, pensif, observait de son côté, poussait des interjections et se grattait le bout du nez. Chemin faisant, il s'informait des nouvelles, lui demandait des avis, sollicitait ses ordres, et le commissaire questionnait, méditait, donnait des commandements.

Nous touchions aux premières maisons de la ville, quand nous entendîmes de l'une d'elles partir des cris aigus. La rue était pleine d'une foule agitée et de gens accourus vers le commissaire en lui disant : « Arrivez, arrivez, monsieur, on se bat ! Il y a deux femmes de tuées ! — Par qui ? — On n'en sait rien. — Pourquoi ? — Elles saignent. — Mais comment ? — Avec un râteau. — Où est l'assassin ? — L'une à la tête, l'autre au bras. Entrez, on vous attend, elles sont là. »

Le commissaire entra donc, et nous à sa suite.

C'était un bruit de sanglots, de cris, de paroles, une houle qui se poussait et s'étouffait. On se marchait sur les pieds, on se coudoyait, on jurait, on ne voyait rien.

Le commissaire commença par se mettre en colère. Mais comme il ne parlait pas le breton, ce fut le garde qui se mit en colère pour lui et qui chassa le public de céans, en prenant tout le monde par les épaules et en le poussant à la porte.

Lorsqu'il n'y eut plus dans la pièce qu'une douzaine de personnes environ, nous parvînmes à distinguer dans un coin un lambeau de chair qui pendait à un bras et une masse noire comme une chevelure sur laquelle coulaient des gouttes de sang. C'étaient la femme et la jeune fille blessées dans la bagarre. La vieille, qui était sèche et grande et portait une peau bistrée, plissée comme du parchemin, se tenait debout avec son bras gauche dans sa main droite, geignait à peine et n'avait pas l'air de souffrir ; mais la jeune fille pleurait. Assise, écartant les lèvres, baissant la tête, et les mains à plat sur les genoux, elle tremblait convulsivement et sanglotait tout bas. A toutes les questions qu'on leur faisait, elles ne répondaient que par des plaintes, et les témoignages de ceux qui avaient vu donner les coups ne concordant même pas entre eux, il fut impossible de connaître ni qui avait battu ni pourquoi on avait battu. Les uns disaient que c'était un mari qui avait surpris sa femme ; d'autres, que c'étaient les femmes qui s'étaient disputées et que le maître de la maison avait voulu les assommer pour les faire taire. On ne savait rien de précis. M. le commissaire en était fort perplexe et le garde tout interdit.

Le médecin du pays étant absent, ou ces bonnes gens ne voulant pas s'en servir, parce que cela coûtait trop cher, nous eûmes l'aplomb d'offrir « le secours de nos faibles talents » et nous courûmes chercher notre nécessaire de voyage avec un bout de sparadrap, une bande et de la charpie que nous avions, en prévision d'accident, fourrés au fond de notre sac.

C'eût été, ma foi, un beau spectacle pour nos amis, que de nous voir étalant doctoralement sur la table de ce gîte notre bistouri, nos pinces et nos trois paires de ciseaux, dont une à branches de vermeil. Le commissaire admirait notre philanthropie, les commères nous regardaient en silence, la chandelle jaune coulait dans son chandelier de fer et allongeait sa mèche que le garde mouchait avec ses doigts. La bonne femme fut pansée la première. Le coup avait été consciencieusement donné; le bras dénudé montrait l'os et un triangle de chair d'environ quatre pouces de longueur retombait en manchette. Nous tâchâmes de remettre le morceau à sa place en l'ajustant exactement sur les bords de la plaie, puis nous serrâmes le tout avec une bande. Il est très possible que cette compression violente ait causé la gangrène et que la patiente en soit morte.

On ne savait au juste ce qu'avait la jeune fille. Le sang coulait dans ses cheveux, sans qu'on pût voir d'où il venait; il se figeait dessus par plaques huileuses et filait le long de la nuque. Le garde, notre interprète, lui dit d'ôter le bandeau de laine qui la coiffait; elle le dénoua par un seul mouvement de main, et toute sa chevelure d'un noir mat et sombre se déroula comme une cascade avec les fils sanglants qui la rayaient en rouge. Écartant délicatement ses beaux cheveux mouillés qui étaient doux, épais, abondants, nous aperçûmes en effet, sur l'occiput, une bosse grosse comme une noix, percée d'un trou ovale. Nous rasâmes la peau tout à l'entour; après avoir lavé et étanché la plaie, nous fîmes fondre du suif sur de la charpie et nous l'adaptâmes sur la blessure à l'aide de bandelettes de diachylum. Une compresse mise par-dessus fut retenue par le bandeau, recouvert lui-même par le bonnet.

Sur ces entrefaites, le juge de paix survint. La première chose qu'il fit fut de demander le râteau, et la seule dont il s'inquiéta fut de le regarder et de le contempler sous tous les sens. Il le prenait par le manche, il en comptait les dents, il le brandissait, l'essayait, en faisant sonner le fer et ployer le bois.

— Est-ce bien là, disait-il, l'instrument de l'attentat? Jérôme, en êtes-vous convaincu?

— On le dit, monsieur.

— Vous n'y étiez pas, monsieur le commissaire?

— Non, monsieur le juge de paix.

— Je voudrais savoir si c'est avec un râteau que les coups ont été portés, ou si ce n'est pas plutôt avec un instrument contondant. Quel est le malfaiteur? Ce râteau, d'abord, lui appartenait-il? ou était-il à un autre? Est-ce bien avec cela qu'on a blessé ces femmes? N'est-ce pas plutôt, comme je le répète, avec un instrument contondant? Veulent-elles porter plainte? Dans quel sens dois-je faire mon rapport? Qu'en dites-vous, monsieur le commissaire?

Les malheureuses ne répondaient rien, si ce n'est qu'elles souffraient toujours ; et quant à requérir la vengeance des lois, on leur laissa la nuit pour y réfléchir. La jeune fille pouvait à peine parler et la vieille avait également les idées fort confuses, vu qu'elle était ivre, à ce que disaient les voisins ; ce qui nous expliqua l'insensibilité qu'elle avait montrée pendant que nous la soulagions.

Après nous avoir fouillé des yeux le mieux qu'ils purent, pour savoir qui nous étions, les autorités de Pont-l'Abbé nous souhaitèrent le bonsoir, en nous remerciant « des services que nous avions rendus au pays ». Nous remîmes notre nécessaire dans notre poche et le commissaire s'en alla avec son garde, le garde avec son sabre, le juge de paix avec le râteau.

. . . .

CHAPITRE V

En route! le ciel est bleu, le soleil brille, et nous nous sentons dans les pieds des envies de marcher sur l'herbe.

De Crozon à Lendevenec, la campagne est découverte, sans arbres ni maisons; une mousse rousse comme du velours râpé s'étend à perte de vue sur un sol plat. Parfois des champs de blés mûrs s'élèvent au milieu de petits ajoncs rabougris. Les ajoncs ne sont plus en fleurs, les voilà redevenus comme avant le printemps.

Des ornières de charrettes profondes et bordées sur leurs bords d'un bourrelet de boue sèche, se multipliant irrégulièrement les unes près des autres, apparaissent devant vous, se continuent longtemps, font des coudes et se perdent à l'œil. L'herbe pousse par grandes places entre ces sillons effondrés. Le vent siffle sur la lande ; nous avançons ; la brise joyeuse se roule dans l'air, elle sèche de ses bouffées la sueur qui perle sur nos joues et, quand nous faisons halte, nous entendons, malgré le battement de nos artères, son bruit qui coule sur la mousse.

De temps à autre, pour nous dire la route, surgit un moulin tournant rapidement dans l'air ses grandes ailes blanches. Le bois de leur membrure craque en gémissant ; elles descendent, rasent le sol, et remontent. Debout sur sa lucarne tout ouverte, le meunier nous regarde passer.

Nous continuons, nous allons ; en longeant une haie d'ormeaux qui doit cacher un village, dans une cour plantée, nous avons entrevu un homme monté dans un arbre ; au bas, se tenait une femme qui recevait dans son tablier bleu les prunes qu'il lui jetait d'en haut. Je me souviens d'une masse de cheveux noirs tombant à flots sur ses épaules, de deux bras levés en l'air, d'un mouvement de cou renversé et d'un rire sonore qui m'est arrivé à travers le branchage de la haie.

Le sentier que l'on suit devient plus étroit. Tout à coup, la lande disparaît et l'on est sur la crête d'un promontoire qui domine la mer. Se perdant du côté de Brest, elle semble ne pas finir, tandis que, de l'autre, elle avance ses sinuosités dans la terre qu'elle découpe, entre des coteaux couverts de bois taillis. Chaque golfe est resserré entre deux montagnes; chaque montagne a deux golfes à ses flancs, et rien n'est beau comme ces grandes pentes vertes dressées presque d'aplomb sur l'étendue de la mer. Les collines se bombent à leur faîte, épatent leur base, se creusent à l'horizon dans un évasement élargi qui regagne les plateaux, et, avec la courbe gracieuse d'un plein-cintre moresque, se relient l'une à l'autre, continuant ainsi, en le répétant sur chacune, la couleur de leur verdure et le mouvement de leurs terrains. A leurs pieds, les flots, poussés par le vent du large, pressaient leurs plis. Le soleil frappait dessus, en faisait briller l'écume ; sous ses feux, les vagues miroitaient en étoiles d'argent et tout le reste était une immense surface unie dont on ne se rassasiait pas de contempler l'azur.

Sur les vallons on voyait passer les rayons du soleil. Un d'eux, abandonné déjà par lui, estompait plus vaguement la masse de ses bois et, sur un autre, une barre d'ombre large et noire s'avançait.

A mesure que nous descendions le sentier, et qu'ainsi nous nous rapprochions du niveau du rivage, les montagnes en face desquelles nous étions tout à l'heure semblaient devenir plus hautes, les golfes plus profonds ; la mer s'agrandissait. Laissant nos regards courir à l'aventure, nous marchions, sans prendre garde, et les cailloux chassés devant nous déroulaient vite et allaient se perdre dans les bouquets de broussailles, aux bords du chemin.

. . . .

.....Les chemins tournaient le long des haies fournies, plus compactes que des murs. Nous montions, nous descendions ; cependant les sentiers s'emplissaient d'ombre et la campagne s'assoupissait déjà dans ce beau silence des nuits d'été.

Ne rencontrant personne enfin qui pût nous dire notre route, et deux ou trois paysans à qui nous nous étions adressé ne nous ayant répondu que par des cris inintelligibles, nous tirâmes notre carte, atteignîmes notre compas, et, nous orientant d'après le coucher du soleil, nous résolûmes de piquer sur Daoulas à vol d'oiseau. Donc, la vigueur aussitôt nous revint aux membres et nous nous lançâmes dans les champs à travers les haies, par-dessus les fossés, abattant, renversant, bousculant, cassant tout, sans souci aucun des barrières restant ouvertes et des récoltes endommagées.

Au haut d'une montée, nous aperçûmes le village de l'Hôpital couché dans une prairie où passait une rivière. Un pont la traverse ; sur ce pont, il y a un moulin qui tourne ; après la prairie, la colline remonte ; nous la gravissions gaillardement quand, sur le talus d'un haut-bord, à la lueur d'un rayon du jour, entre les pieds d'une haie vive, nous avons vu une belle salamandre noire et jaune qui s'avançait de ses pattes dentelées et traînait sur la poussière sa longue queue mince remuant aux ondulations de son corsage tacheté. C'était son heure ; elle sortait de sa caverne qui est au fond de quelque gros caillou enfoui sous la mousse et s'en allait faire la chasse aux insectes dans le tronc pourri des vieux chênes.

Un pavé à pointes aiguës sonna sous nos pas, une rue se dressa devant nous; nous étions à Daoulas. Il faisait encore assez clair pour distinguer à l'une des maisons une enseigne carrée pendue à sa barre de fer scellée dans la muraille. Sans enseigne, d'ailleurs, nous aurions bien reconnu l'auberge, les maisons ayant ainsi que les hommes leur métier écrit sur la figure. Donc, nous y entrâmes fort affamés et demandant surtout qu'on ne nous fit pas languir.

Pendant que nous étions assis sur la porte à attendre notre dîner, une petite fille en guenilles est entrée dans l'auberge avec une corbeille de fraises qu'elle portait sur la tête. Elle en est sortie bientôt tenant à la place un gros pain qu'elle maintenait de ses deux mains. Elle s'enfuyait avec la vivacité d'un chat en poussant des cris aigus. Ses cheveux d'enfant, hérissés, gris de poussière, se levaient dans le vent autour de sa figure maigre et ses petits pieds nus, frappant d'aplomb sur la terre, disparaissaient, en courant, sous les lambeaux déchiquetés qui lui battaient les genoux.

Après notre repas, qui, outre l'inévitable omelette et le veau fatal, se composa en grande partie des fraises de la petite fille, nous montâmes dans nos appartements.

L'escalier tournant, à marches de bois vermoulues, gémissait et craquait sous nos pas comme l'âme d'une femme sensible sous une désillusion nouvelle. En haut, se trouvait une chambre dont la porte, comme celle des granges, se fermait avec un crochet qu'on mettait du dehors. C'est là que nous gîtâmes. Le plâtre des murs, jadis peint en jaune, tombait en écailles ; les poutres du plafond ployaient sous le poids des tuiles de la toiture, et, sur les carreaux de la fenêtre à guillotine, un enduit de crasse grisâtre adoucissait la lumière comme à travers des verres dépolis. Les lits, faits de quatre planches de noyer mal jointes, avaient de gros pieds ronds piqués de mites et tout fendus de sécheresse. Sur chacun d'eux étaient une paillasse et un matelas recouverts d'une couverture verte trouée par des morsures de souris et dont la frange était faite par les fils qui s'effilaient. Un morceau de miroir cassé dans son cadre déteint ; à un clou, un carnier suspendu, et, près de là, une vieille cravate de soie dont on reconnaissait le pli des nœuds, indiquaient que ce lit était habité par quelqu'un, et, sans doute, qu'on y couchait tous les soirs.

Sous l'un des oreillers de coton rouge, une chose hideuse se découvrait, à savoir un bonnet de même couleur que la couverture des lits, mais dont un glacis gras empêchait de reconnaître la trame, usé, élargi, avachi, huileux, froid au toucher. J'ai la conviction que son maître y tient beaucoup et qu'il le trouve plus chaud que tout autre. La vie d'un homme, la sueur d'une existence entière est concrétée là en cette couche de cérat ranci. Combien de nuits n'a-t-il pas fallu pour la former si épaisse? Que de cauchemars se sont agités là-dessous, que de rêves y ont passé ! Et de beaux, peut-être, pourquoi pas?

. . . .

..... Quand vous n'êtes pas ingénieur, constructeur ou forgeron, Brest ne vous amuse pas considérablement. Le port est beau, j'en conviens; magnifique, c'est possible; gigantesque, si vous y tenez. Ça impose, comme on dit, et *ça donne l'idée d'une grande nation.* Mais toutes ces piles de canons, de boulets, d'ancres, le prolongement indéfini de ces quais qui contiennent une mer sans mouvement et sans accident, une mer assujettie qui semble aux galères, et ces grands ateliers droits où grincent les machines, le bruit continuel des chaînes des forçats qui passent en rang et travaillent en silence, tout ce mécanisme sombre, impitoyable, forcé, cet entassement de défiances organisées, bien vite vous encombre l'âme d'ennui et lasse la vue. Elle se promène à satiété sur des pavés, sur des obus, sur les rochers dans lesquels le port est entaillé, sur des monceaux de fer, sur des madriers cerclés, sur des bassins à sec renfermant la carcasse nue des vaisseaux et toujours se heurte aux murailles grises du bagne, où un homme penché aux fenêtres éprouve le scellement de leurs barreaux en les faisant sonner avec un marteau.

Ici la nature est absente, proscrite, comme nulle part ailleurs sur la terre, c'en est la négation, la haine entêtée, et dans le levier de fer qui casse la roche, et dans le sabre du garde-chiourme qui chasse les galériens.

En dehors de l'arsenal et du bagne, ce ne sont encore que casernes, corps de garde, fortifications, fossés, uniformes, baïonnettes, sabres et tambours. Du matin au soir, la musique militaire retentit sous vos fenêtres, les soldats passent dans les rues, repassent, vont, reviennent, manœuvrent ; toujours le clairon sonne et la troupe marche au pas. Vous concevez tout de suite que la vraie ville est l'arsenal, que l'autre ne vit que par lui, qu'il déborde sur elle. Sous toutes les formes, en tous lieux, à tous les coins, réapparaît l'administration, la discipline, la feuille de papier rayé, le cadre, la règle. On admire beaucoup la symétrie factice et la propreté imbécile. A l'hôpital de la marine, par exemple, les salles sont cirées de telle façon qu'un convalescent, essayant de marcher sur sa jambe remise, doit se casser l'autre en tombant. Mais c'est beau, ça brille, on s'y mire. Entre chaque salle est une cour, mais où le soleil ne vient jamais et dont soigneusement on arrache l'herbe. Les cuisines sont superbes, mais à une telle distance, qu'en hiver tout doit parvenir glacé aux malades. Il s'agit bien d'eux! Les casseroles ne sont-elles pas luisantes? Nous vîmes un homme qui s'était cassé le crâne en tombant d'une frégate et qui depuis dix-huit heures n'avait pas encore reçu de secours; mais ses draps étaient très blancs, car la lingerie est fort bien tenue.

A l'hôpital du bagne j'ai été ému comme un enfant en voyant sur le lit d'un forçat une portée de petits chats qui jouaient sur ses genoux. Il leur faisait des boulettes de papier et ils couraient après sur la couverture en se retenant aux bords avec leurs griffes pointues. Puis il les retournait sur le dos, les caressait, les embrassait, les mettait dans sa chemise. Renvoyé au travail, plus d'une fois, sans doute, sur son banc, quand il sera bien triste et bien las, il rêvera à ces heures tranquilles qu'il passait, seul avec eux, à sentir dans ses mains rudes la douceur de leur duvet et leurs petits corps chauds tapis sur son cœur.

J'aime à croire cependant que le règlement interdit ces récréations et que c'était, sans doute, une charité de la religieuse.

Au reste, pas plus là qu'ailleurs, la règle n'est sans exception, outre que d'abord la distinction des rangs ne s'efface pas, quoiqu'on dise (l'égalité étant un mensonge, même au bagne). Car du bonnet numéroté sort parfois quelque chevelure finement parfumée, comme sur le bord de la chemise rouge se relève souvent un bout de manchette entourant une main blanche. Il y a de plus des faveurs spéciales pour certaines professions, pour certains hommes. Comment ont-ils pu, malgré la loi et la jalousie de leurs camarades, conquérir cette position excentrique qui en fait presque des galériens amateurs et qu'ils gardent cependant comme un fait acquis, sans que personne la leur dispute? A l'entrée du chantier où l'on construit des canots, vous trouvez une table de dentiste munie de tous les ustensiles de la profession. Sur la muraille, dans un joli cadre vitré, s'alignent des râteliers entrebâillés auprès desquels l'artiste, debout, vous fait sa petite réclame, quand vous passez. Il reste là, toute la journée, dans son établissement, occupé à polir ses outils et à enfiler des chapelets de molaires. Il y peut, loin de tout gardien, causer à l'aise avec les promeneurs, apprendre les nouvelles du monde médical, exercer son industrie comme un homme patenté. A l'heure qu'il est, il doit éthériser. Un peu plus, il aurait des élèves et ferait des cours. Mais l'homme le mieux posé est le curé Lacolonge. Médiateur entre la chiourme et le ban, le pouvoir s'en sert pour agir sur les galériens qui, de leur côté, s'adressent à lui pour obtenir des grâces. Il habite à part, dans une petite chambre fort propre, a un domestique pour le servir, mange de grands saladiers de fraises de Plougastel, prend son café et lit les journaux.

Si Lacolonge est la tête du bagne, c'est Ambroise qui en est le bras.

Ambroise est un magnifique nègre de près de six pieds de haut et qui eût fait, au XVI° siècle, un admirable bravo pour un homme de qualité. Héliogabale devait nourrir chez lui quelque drôle de cette façon, pour s'amuser, en soupant, à le voir étouffer à bras le corps un lion de Numidie, ou assommer à coups de poing les gladiateurs. Il a une peau luisante d'un noir uni, avec un reflet bleu d'acier, une taille mince, vigoureuse comme celle d'un tigre, et des dents si blanches qu'elles en font presque peur.

Roi du bagne de par le droit des muscles, on le redoute, on l'admire; sa réputation d'hercule lui fait un *devoir* d'essayer les arrivants, et jusqu'à présent ces épreuves ont toutes tourné à sa gloire. Il ploie des barres de fer sur son genou, lève trois hommes au bout du poing, en renverse huit en écartant les bras, et quotidiennement mange triple portion, car il a un appétit démesuré, des appétits de toute nature, une constitution héroïque.

Nous le vîmes au jardin botanique en train d'arroser les plantes. On le trouve toujours par là, dans sa serre chaude, derrière les aloès et les palmiers nains, occupé à remuer le terreau des couches, ou à nettoyer les châssis. Le jeudi, jour d'entrées publiques, Ambroise y reçoit des maîtresses derrière les caisses d'oranger, et il en a plusieurs, plus qu'il n'en veut. Il sait, en effet, s'en procurer, soit par ses séductions, soit par sa force ou par son argent dont il porte habituellement quantité sur lui et qu'il jette royalement dès qu'il s'agit de réjouir sa peau noire. Aussi est-il fort couru d'une certaine classe de dames, et peut-être que les gens qui l'ont mis là n'ont jamais été si fort aimés.

Au milieu du jardin, dans un bassin d'eau claire, couvert de plantes sur les bords et qu'ombrage un saule pleureur, il y a un cygne. Il s'y promène, d'un coup de patte le traverse en entier, en fait cent fois le tour et ne songe pas à en sortir. Pour passer son temps, il s'amuse à gober les poissons rouges.

Plus loin, le long du mur, on a bâti quelques cages pour recevoir les animaux rares, venus d'outre-mer, destinés au Muséum de Paris. Elles étaient vides la plupart. Devant l'une d'elles, dans une étroite cour grillée, un forçat chaussé de bottes fines instruisait un petit chat-tigre et lui apprenait comme à un chien à obéir à la parole. Il n'a donc pas assez de la servitude, celui-là? Il la déverse sur un autre. Les coups de gourdin dont on le menace, il les donne au chat-tigre qui, un beau jour, sans doute, s'en vengera en sautant par-dessus son grillage et en allant étrangler le cygne.

Un soir que la lune brillait sur les pavés, nous nous mîmes en devoir d'aller nous promener dans les rues dites *infâmes*. Elles sont nombreuses. La troupe de ligne, la marine, l'artillerie ont chacune la leur, sans compter le bagne qui, à lui seul, a tout un quartier de la ville. Sept ruelles parallèles, aboutissant derrière ses murs, composent ce qu'on appelle Keravel qui n'est rempli que par les maîtresses des gardes-chiourme et des forçats. Ce sont de vieilles maisons de bois tassées l'une sur l'autre, ayant toutes leurs portes fermées, leurs fenêtres bien closes, leurs auvents bouchés. On n'y entend rien, on n'y voit personne; pas une lumière aux lucarnes; au fond de chaque ruelle, seulement un réverbère que le vent balance fait osciller sur le pavé ses longs rayons jaunes. Le reste n'en est que plus noir. Au clair de lune, ces maisons muettes à toits inégaux projetaient des lueurs étranges.

Quand s'ouvrent-elles? à des heures inconnues, au moment le plus silencieux des nuits les plus sombres. Alors y entre le garde-chiourme qui s'esquive de son poste, ou le forçat qui s'échappe de son ban, souvent tous deux de compagnie, s'aidant, se protégeant; puis, quand le jour revient, le forçat escalade le mur, le garde-chiourme détourne la tête et personne n'a rien vu.

Dans le quartier des matelots, au contraire, tout se montre, tout s'étale. Il flamboie, il grouille. Les joyeuses maisons vous jettent, quand vous passez, leurs bourdonnements et leurs lumières. On crie, on danse, on se dispute. Dans de grandes salles basses, au rez-de-chaussée, des femmes, en camisole de nuit, sont assises sur des bancs le long de la muraille blanchie où un quinquet est accroché; d'autres, sur le seuil, vous appellent, et leurs têtes animées se détachent sur le fond du bouge éclairé où retentit le choc des verres avec les grosses caresses des hommes du peuple. Vous entendez sonner les baisers sur des épaules charnues, et rire de plaisir, aux bras de quelque matelot bruni qui la tient sur les genoux, la bonne fille rousse dont la gorge débraillée s'en va de sa chemise, comme sa chevelure de son bonnet. La rue est pleine, le bouge est plein, la porte est ouverte, on entre. Ceux qui sont dehors viennent regarder à travers les carreaux ou causent doucement avec quelque égrillarde à moitié nue qui se penche vers leur visage. Les groupes stationnent, ils attendent. Cela se fait sans façon et comme l'envie vous y pousse.

Nous entrâmes dans l'un de ces établissements. Il n'était ni des derniers, encore moins des premiers.

Dans un salon tendu de papier rouge trois ou

quatre demoiselles étaient assises autour d'une table ronde, et un amateur en casquette qui fumait sa pipe sur le sofa, nous salua poliment quand nous entrâmes. Elles avaient des tenues modestes et des robes parisiennes.

Les meubles d'acajou étaient couverts d'Utrecht, le pavé rouge ciré, et les murs ornés des batailles de l'Empire. O vertu tu es belle car le vice est bien bête !

Ayant près de moi une femme dont les mains auraient suffi pour faire oublier son sexe et ne sachant que faire, nous payâmes à boire à la compagnie.

Or, j'allumai un cigare, m'étendis dans un coin et là fort triste et la mort dans l'âme, pendant que les voix éraillées des femelles glapissaient et que les petits verres se vidaient je me disais :

— Où est-elle ? où est-elle ? Est-ce qu'elle est morte au monde, et les hommes ne la reverront-ils plus ?

Elle était belle, jadis, au bord des promontoires, montant le péristyle des Temples, quand sur ses pieds roses traînait la frange d'or de sa tunique blanche, ou lorsque, assise sur des coussins persiques, elle devisait avec les sages en tournant dans ses doigts son collier de camées.

Elle était belle, debout, nue sur le seuil de sa *cella* dans la rue de Suburre, sous la torche de résine qui pétillait dans la nuit, quand elle chantait lentement sa complainte campanienne et qu'on entendait sur le Tibre de longs refrains d'orgie.

Elle était belle aussi dans sa vieille maison de la Cité, derrière son vitrage de plomb, entre les étudiants tapageurs et les moines débauchés, quand, sans peur des sergents, on frappait fort sur les tables de chêne les grands pots d'étain, et que les lits vermoulus se cassaient sous le poids des corps.

Elle était belle, accoudée sur un tapis vert et guignant l'or des provinciaux, avec ses hauts talons, sa taille de guêpe, sa perruque à frimas dont la poudre odorante lui tombait sur les épaules, avec une rose de côté, avec une mouche sur la joue.

Elle était belle encore parmi les peaux de bique des cosaques et les uniformes anglais, se poussant dans la foule des hommes et faisant luire sa poitrine sur la marche des maisons de jeu, sous l'étalage des orfèvres, à la lueur des cafés, entre la faim et l'argent.

Que pleurez-vous?... moi je regrette la fille de joie.

..... Sur le boulevard, un soir encore, je l'ai vue passer, aux feux du gaz, alerte, lançant ses yeux, et glissant sur le trottoir sa semelle traînante. J'ai vu sa figure pâle aux coins des rues et la pluie tomber sur les fleurs de sa chevelure, quand sa voix douce appelait les hommes et que sa chair grelottait sur le bord du satin noir.

Ce fut son dernier jour; le lendemain elle ne reparut plus.

Ne craignez pas qu'elle revienne, car elle est morte maintenant, bien morte! Sa robe est haute, elle a des mœurs, elle s'effarouche des mots grossiers et met à la Caisse d'épargne les sous qu'elle gagne.

La rue balayée de sa présence a perdu la seule poésie qui lui restât encore; on a filtré le ruisseau, tamisé l'ordure.

. . . .

..... Dans quelque temps, les saltimbanques aussi auront disparu, pour faire place aux séances magnétiques et aux banquets réformistes, et la danseuse de corde bondissant dans l'air, avec sa robe pailletée et son grand balancier, sera aussi loin de nous que la bayadère du Gange.

De tout ce beau monde coloré, bruissant comme la fantaisie même, si mélancolique et si sonore, si amer et si folâtre, plein de pathétique intime et d'ironies éclatantes, où la misère était chaude, où la grâce était triste, dernier cri d'un âge perdu, race lointaine qu'on disait venue de l'autre bout de la terre, et qui nous apportait dans le bruit de ses grelots comme la vague souvenance et l'écho mourant des joies idolâtrées! Quelque fourgon qui s'en va sur la grande route, ayant des toiles roulées sur son toit et des chiens crottés sous sa caisse, un homme en veste jaune escamotant la muscade dans ses gobelets de fer-blanc, les pauvres marionnettes des Champs-Élysées et les joueurs de guitare des cabarets hors barrière, voilà tout ce qui en reste.

Il est vrai qu'il nous est survenu en revanche beaucoup de facéties d'un comique plus relevé. Mais le nouveau grotesque vaut-il l'ancien? Est-ce que vous préférez Tom-Pouce ou le musée de Versailles?

. . . .
. . . .
. . . .

Sur une estrade de bois qui faisait le balcon d'une tente carrée de toile grise, un homme en blouse jouait du tambour; derrière lui se dressait une large pancarte peinte représentant un mouton, une vache, des dames, des messieurs et des militaires. C'étaient les deux jeunes phénomènes de Guérande, *porteurs d'un bras, quatre épaules*. Leur même montreur ou éditeur criait à se lancer les poumons par la bouche et annonçait, outre ces deux belles choses, des combats d'animaux féroces qui allaient commencer à l'heure même. Sous l'estrade on voyait un âne; trois ours roupillaient à côté, et des aboiements de chiens, partant de l'intérieur de la baraque, se mêlaient au bruit sourd du tambour, au cri saccadé du propriétaire des jeunes phénomènes et à ceux d'un autre drôle, non pas trapu, carré, jovial et égrillard comme lui, mais grand et maigre, de figure sinistre et vêtu d'un plaid en lambeaux : c'est son associé; ils se sont rencontrés en route et ont uni leurs commerces. L'un a apporté les ours, l'âne et les chiens, l'autre les deux phénomènes et un chapeau de feutre gris qui sert dans les représentations.

Le théâtre, à découvert sous le ciel, a pour

muraille la toile grise qui frissonne au vent et s'en irait sans les pieux qui la retiennent. Une balustrade contenant les spectateurs règne le long des côtés de l'arène où, dans un coin à part, grignotant une botte de foin déliée, nous reconnaissons en effet les deux jeunes phénomènes recouverts de leur housse magnifique. Au milieu est fiché en terre un long poteau et, de place en place, à d'autres morceaux de bois plus petits, des chiens sont attachés avec des ficelles, s'y démènent et tirent dessus en aboyant. Le tambour bat toujours, on crie sur l'estrade, les ours grognent, la foule arrive.

On commença par amener un pauvre ours aux trois quarts paralytique et qui semblait considérablement ennuyé. Muselé, il avait de plus autour du cou un collier d'où pendait une chaîne de fer, un cordon passé dans les narines pour le faire docilement manœuvrer, et sur la tête une sorte de capuchon de cuir qui lui protégeait les oreilles. On l'attacha au mât du milieu; alors ce fut un redoublement d'aboiements aigus, enroués, furieux. Les chiens se dressaient, se hérissaient, grattaient la terre, la croupe en haut, la gueule basse, les pattes écartées et, dans un angle, vis-à-vis l'un de l'autre, les deux maîtres hurlaient pour les mieux exciter. On lâcha d'abord trois dogues ; ils se ruèrent sur l'ours qui commença à tourner autour du poteau et les chiens couraient après, se bousculant, gueulant, tantôt renversés, à demi écrasés sous ses pattes, puis, se relevant aussitôt et bondissant se suspendre à sa tête qu'il secouait sans pouvoir se débarrasser de cette couronne de corps endiablés qui s'y tordaient et le mordaient. L'œil fixé sur eux, les deux maîtres guettaient le moment précis où l'ours allait être étranglé ; alors ils se précipitaient dessus, les en arrachaient, les tiraient par le cou, et pour leur faire lâcher prise leur mordaient la queue. Ils geignaient de douleur, mais ne cédaient pas. L'ours se débattait sous les chiens, les chiens mordaient l'ours, les hommes mordaient les chiens. Un jeune bouledogue, entre autres, se distinguait par son acharnement ; cramponné par les crocs à l'échine de l'ours, on avait beau lui mâcher la queue, la lui plier en double, lui presser les testicules, lui déchirer les oreilles, il ne lâchait point, et l'on fut obligé d'aller chercher un bouchet pour lui desserrer les dents.

Quand tout était séparé, chacun se reposait, l'ours se couchait, les chiens haletaient, la langue pendante ; les hommes, en sueur, se retiraient d'entre les dents les brins de poil qui y étaient restés, et la poussière soulevée par la mêlée s'éparpillait dans l'air et retombait à l'entour sur les têtes du public.

On amena successivement deux autres ours dont l'un imitait le jardinier, allait à la chasse, valsait, mettait un chapeau, saluait la compagnie et faisait le mort. Après lui vint le tour de l'âne. Il se défendit bien ; ses ruades lançaient au loin les chiens comme des ballons ; serrant la queue, baissant les oreilles, allongeant le museau, il courait vite et tâchait toujours de les ramener sous ses pieds de devant, pendant qu'ils tournaient autour de lui et lui sautaient sous la mâchoire. On le retira néanmoins fort essoufflé, grelottant de peur et couvert de gouttes de sang qui coulaient le long de ses jambes, rendues galeuses par les cicatrices de ses blessures, et mouillaient avec la sueur la corne usée de ses sabots.

Mais le plus beau fut le combat général des chiens entre eux ; tous y étaient, grands, petits, chiens loups, bouledogues, les noirs, les blancs, les tachetés et les roux. Un bon quart-d'heure se passa préalablement à les animer l'un contre l'autre. Les maîtres, les tenant dans leurs jambes, leur tournaient la tête vers leurs adversaires et la leur choquaient avec violence. L'homme maigre surtout travaillait de tout cœur; il tirait de sa poitrine, par une secousse brutale, un jet de voix rauque, éraillée, féroce, qui inspirait la colère à toute la bande irritée. Aussi sérieux qu'un chef d'orchestre à son pupitre, il absorbait à lui cette harmonie discordante, la dirigeait, la renforçait; mais quand les dogues étaient déchaînés, et qu'ils s'entre-déchiraient tous en hurlant, l'enthousiasme le prenait, il se délectait, ne se reconnaissait plus, il aboyait, applaudissait, se tordait, battait du pied, faisait le geste d'un chien qui attaque, se lançait le corps en avant comme eux, secouait la tête comme eux; il aurait voulu mordre aussi, qu'on le mordît, être chien, avoir une gueule, pour se rouler là-dedans, au milieu de la poussière, des cris et du sang; pour sentir ses crocs dans les peaux velues, dans la chair chaude, pour nager en plein dans ce tourbillon, pour s'y débattre de tout son cœur.

Il y eut un moment critique, quand tous les chiens l'un sur l'autre, tas grouillant de pattes, de reins, de queues et d'oreilles, qui oscillait dans l'arène sans se désunir, allèrent donner contre la balustrade, la cassèrent et menacèrent d'endommager dans leur coin les deux jeunes phénomènes. Leur maître pâlit, fit un bond, et l'associé accourut. C'est là qu'on mordit bien vite les queues! qu'on donna des coups de poing, des couds de pied! qu'on se dépêchait, qu'on allait! Les chiens empoignés n'importe par où, tirés du groupe et jetés par-dessus l'épaule, passaient dans l'air comme des bottes de foin qu'on engrange. Ce fut un éclair; mais j'ai vu l'instant où les deux jeunes phénomènes allaient être ravalés à l'état de biftecks, et j'ai tremblé pour le bras qu'ils portent sur le dos.

Émus de cette algarade, sans doute, ils firent des façons pour se laisser voir. La vache reculait, le mouton donnait des coups de cornes; enfin, on releva leurs housses vertes à franges jaune; leur appendice fut exhibé, et ainsi se termina la représentation.

Au phare de Brest. — Ici se termine l'ancien monde ; voilà son point le plus avancé, sa limite extrême. Derrière vous est toute l'Europe, toute l'Asie ; devant vous, c'est la mer et toute la mer. Si grands qu'à nos yeux soient les espaces, ne sont-ils pas bornés toujours, dès que nous leur savons une limite ? Ne voyez-vous pas de nos plages, par delà la Manche, les trottoirs de Brighton et les bastides de Provence ; n'embrassez-vous pas la Méditerranée entière, comme un immense bassin d'azur dans une conque de rochers que cisèlent sur ses bords les promontoires couverts de marbres qui s'éboulent, les sables jaunes, les palmiers qui pendent, les sables, les golfes qui s'évasent ? Mais ici plus rien n'arrête. Rapide comme le vent, la pensée peut courir, et s'étalant, divaguant, se perdant, elle ne rencontre que des flots ; puis, au fond, il est vrai, tout au fond, là-bas, dans l'horizon des rêves, la vague Amérique, peut-être des îles sans nom, quelque pays à fruits rouges, à colibris et à sauvages, ou le crépuscule muet des pôles, avec le jet d'eau des baleines qui soufflent, ou les grandes villes éclairées en verre de couleur, le Japon aux toits de porcelaine, la Chine avec les escaliers à jour, dans des pagodes à clochettes d'or.

C'est ainsi que l'esprit, pour rétrécir cet infini dont il se lasse sans cesse, le peuple et l'anime. On ne songe pas au désert sans les caravanes, à l'Océan sans les vaisseaux, au sein de la terre sans les trésors qu'on lui suppose.

Nous nous en revînmes au Conquet par la Falaise. Les vagues bondissaient à sa base. Accourant du large, elles se heurtaient contre et couvraient ensuite de leurs nappes oscillantes les grands blocs immobiles. Une demi-heure après, emportés dans notre char à bancs par deux petits chevaux presque sauvages, nous regagnions Brest, d'où le surlendemain nous partîmes avec beaucoup de plaisir. En s'écartant du littoral et en remontant vers la Manche, la contrée change d'aspect, elle devient moins rude, moins celtique, les dolmens se font plus rares, la lande diminue à mesure que les blés s'étendent, et peu à peu on entre ainsi dans ce fertile et plat pays de Léon, qui est, comme l'a si aimablement dit M. Pitre-Chevalier, « l'Attique de la Bretagne ».

Landerneau est un pays où il y a une promenade d'ormeaux au bord de la rivière et où nous vîmes courir dans les rues un chien effrayé qui traînait à sa queue une casserole attachée.

Pour aller au château de la Joyeuse-Garde, il faut d'abord suivre la rive de l'Eilorn, et ensuite marcher longtemps dans un bois par un chemin creux où personne ne passe. Quelquefois le taillis s'éclaircit; alors, à travers les branches, la prairie paraît ou bien la voile de quelque navire qui remonte la rivière. Notre guide était devant nous, loin, écarté. Seuls ensemble, nous foulions ce bon sol des bois où les bouquets violets des bruyères poussent dans le gazon tendre, parmi les feuilles tombées. On sentait les fraises et la violette ; sur le tronc des arbres les longues fougères étendaient leurs palmes grêles. Il faisait lourd ; la mousse était tiède. Caché sous la feuillée, le coucou poussait son cri allongé ; dans les clairières, des moucherons bourdonnaient en tournoyant leurs ailes.

Tranquilles d'âme et balancés par la marche, épanchant à l'aise nos fantaisies causeuses qu s'en allaient comme des fleuves par de larges embouchures, nous devisions des sons, des couleurs, nous parlions des maîtres, de leurs œuvres, des joies de l'idée, nous songions à des tournures de style, à des coins de tableau, à des airs de tête, à des façons de draperie ; nous nous redisions quelques grands vers énormes, beauté inconnue pour les autres qui nous délectait sans fin, et nous en répétions le rythme, nous en creusions les mots, le cadençant si fort, qu'il en était chanté. Puis, c'étaient les lointains paysages qui se déroulaient, quelque splendide figure qui venait, des saisissements d'amour pour un clair de lune d'Asie se mirant sur des coupoles, des attendrissements d'admiration à propos d'un nom sonore, ou la dégustation naïve de quelque phrase en relief trouvée dans un vieux livre.

Et couchés dans la cour de Joyeuse-Garde, près du souterrain comblé, sous le plein-cintre de son arcade unique que revêtissent les lierres, nous causions de Shakespeare et nous nous demandions s'il y avait des habitants dans les étoiles.

Puis, nous partîmes, n'ayant guère donné qu'un coup d'œil à la demeure ruinée du bon Lancelot, celui qu'une fée enleva à sa mère et qu'elle nourrit au fond d'un lac dans un palais de pierreries. Les nains enchanteurs ont disparu; le pont-levis s'est envolé et le lézard se traîne où se promenait la belle Geneviève, songeant à son amant parti en Trébizonde combattre les géants.

Nous revînmes dans la forêt par les mêmes sentiers; les ombres s'allongeaient, les broussailles et les fleurs ne se distinguaient plus, et les montagnes basses d'en face grandissaient leurs sommets bleuâtres dans le ciel qui blanchissait. La rivière contenue jusqu'à une demi-lieue en deçà de la ville dans des rives factices, s'en va ensuite comme elle veut et déborde librement dans la prairie qu'elle traverse; sa longue courbure s'étalait au loin et les flaques d'eau que colorait le soleil couchant avaient l'air de grands plats d'or oubliés sur l'herbe.

Jusqu'à la Roche-Maurice, l'Eilorn serpente à côté de la route qui contourne la base des collines rocheuses dont les mamelons inégaux s'avancent dans la vallée. Nous la parcourions au petit trot dans un cabriolet paisible qu'un enfant conduisait, assis sur le brancard. Son chapeau, sans cordons, s'envolait au vent, et dans les stations qu'il fallait faire pour descendre le ramasser, nous avions tout le loisir d'admirer le paysage.

Le château de la Roche-Maurice était un vrai château de burgrave, un nid de vautours au sommet d'un mont. On y atteint par une pente presque à pic, le long de laquelle des blocs de maçonnerie éboulés servent de marches. Tout en haut, par un pan de mur fait de quartiers plats posés l'un sur l'autre et où tiennent encore de larges arcs de fenêtres, on voit toute la campagne ; des bois, des champs, la rivière qui coule vers la mer, le ruban blanc de la route qui s'allonge, les montagnes dentelant leurs crêtes inégales, et la grande prairie qui les sépare en se répandant au milieu.

Un fragment d'escalier mène à une tour démantelée. Çà et là les pierres sortent d'entre les herbes et la roche se montre entre les pierres. Il semble parfois qu'elle a d'elle-même des formes artificielles, et que la ruine, au contraire, plus elle s'éboule, revêt des apparences naturelles et rentre dans la matière.

D'en bas, sur un grand morceau de muraille, monte un lierre ; mince à sa racine, il va s'élargissant en pyramide renversée et, à mesure qu'il s'élève, assombrit sa couleur verte qui est claire à la base et noire au sommet. A travers une ouverture dont les bords se cachaient dans le feuillage, le bleu du ciel passait.

C'était dans ces parages que vivait le fameux dragon tué jadis par le chevalier Derrieu, qui s'en revenait de la Terre sainte avec son ami Neventer. Il se mit à l'attaquer, dès qu'il eut, il est vrai, retiré de l'eau l'infortuné Eilorn, qui, après avoir livré successivement ses esclaves, ses vassaux, ses serviteurs (il ne lui restait plus que sa femme et son fils) venait de se jeter lui-même du haut de sa tour, la tête en bas, dans la rivière ; mais le monstre, mortellement blessé et lié par l'écharpe de son vainqueur, alla bientôt se noyer dans la mer, à Poulbeunzual [1], ainsi que l'avait exécuté, sur le commandement de saint Pol de Léon, le crocodile de l'île de Batz, lié par l'étole du saint breton, comme le fut plus tard la gargouille de Rouen par celle de saint Romain.

Qu'ils étaient beaux vraiment ces vieux dragons horrifiques, endentés jusqu'au fond de la

---

1. Par contraction de Poulbeuzanneval : marais où fut noyé la bête.

gueule, vomissant des flammes, couverts d'écailles, avec une queue de serpent, des ailes de chauve-souris, des griffes de lion, un corps de cheval, une tête de coq, et *retirant au basilic!* Et le chevalier aussi qui les combattait était un rude sire! Son cheval, d'abord, se cabrait et avait peur, sa lance se brisait en morceaux contre les écailles de la bête et la fumée de ses naseaux l'aveuglait. Il mettait enfin pied à terre, et après un grand jour, l'atteignait sous le ventre d'un bon coup d'épée, laquelle restait enfoncée jusqu'à la garde. Un sang noir sortait à gros bouillons, puis, le peuple reconduisait triomphalement le chevalier qui devenait ensuite roi du pays, et épousait une belle dame.

Mais eux, d'où venaient-ils? Qui les a faits? Était-ce le confus souvenir des monstres d'avant le déluge! Est-ce sur la carcasse des ichtyosaures et des pléropodes qu'ils furent rêvés jadis, et que l'épouvante des hommes a entendu dans les grands roseaux marcher le bruit de leurs pieds, et le vent mugir quand leur voix s'engouffrait dans les cavernes? Ne sommes-nous pas, d'ailleurs, dans le pays des chevaliers de la Table ronde, dans la contrée des fées, dans la patrie de Merlin, au berceau mythologique des épopées disparues ? Sans doute qu'elles révélaient ces vieux mondes devenus fantastiques, qu'elles nous disaient quelque chose des villes englouties. Is, Herbadilla, lieux splendides et féroces, pleins des amours des reines enchanteresses, et qu'ont doublement effacés à tout jamais la mer qui a passé dessus avec la religion qui en a maudit la mémoire.

Il y aurait là beaucoup à dire. Sur quoi, en effet, n'y-a-t il pas à dire? Si ce n'est sur Landivisiau toutefois, l'homme le plus prolixe étant forcé d'être concis quand la matière manque.

Je remarque que les bons pays sont généralement les plus laids, ils ressemblent aux femmes vertueuses; on les estime, mais on passe outre pour en trouver d'autres. Voici certes, le coin le plus fertile de la Bretagne; les paysans sont moins pauvres, les champs mieux cultivés, les colzas magnifiques, les routes bien entretenues, et c'est ennuyeux à périr.

Des choux, des navets, beaucoup de betteraves et démesurément de pommes de terre, tous régulièrement enclos dans des fossés, couvrent la campagne, depuis Saint-Pol de Léon jusqu'à Roscoff. On en expédie à Brest, à Rennes, jusqu'au Havre; c'est l'industrie du pays; il s'en fait un commerce considérable. Mais qu'est-ce que cela me fait à moi?

A Roscoff, la mer découvre devant les maisons sa grève vaseuse, se courbe ensuite dans un golfe étroit et au large est toute tachetée d'îlots noirs, bombés comme des dos de tortue.

La campagne des environs de Saint-Pol est d'une tristesse froide. La teinte morne des terres lentement onduleuses se fond sans transition dans la pâleur du ciel, et la courte perspective n'a pas de grandes lignes dans ses proportions, ni de changement de couleur sur ses bords. Çà et là, en allant dans les champs, vous rencontrez derrière un mur de pierres grises, quelque ferme silencieuse, manoir abandonné, où les maîtres ne viennent pas. Dans la cour, sur le fumier, les pourceaux dorment, les poules grignotent l'avoine, entre les dalles disjointes, sous le plein-cintre de l'entrée dont l'écusson ciselé est rongé par le grand air. Dans les pièces vides qui servent de grenier, le plâtre des plafonds s'en va avec des restes de peintures ternies par la toile des araignées, que l'on voit courir sur les lambourdes. Le réséda sauvage a poussé sur la porte de Kersalion où se dresse encore, près de la tourelle, une fenêtre à pinacle flanquée d'un lion et d'un hercule sortant d'un mur comme des gargouilles. A Kerjean, dans le grand escalier tournant, j'ai heurté un piège à loup. Des socs de charrue, des fers de bêche rouillés, et des graines sèches de calebasses, gisent au hasard sur le parquet des chambres, ou encombrent les grands sièges de pierre dans l'embrasure des fenêtres.

Kerouséré a conservé ses trois tourelles à màchicoulis, et l'on reconnaît encore dans la cour, le large sillon des douves qui, montant petit à petit, en gagne le niveau, ainsi que sur l'onde, le sillage d'une barque qui s'efface en s'étalant. De la plate-forme de l'une des tours, les autres ont des toits pointus, on découvre la mer au bout d'un champ, entre deux collines basses couvertes par des bois. Les fenêtres du premier étage, à moitié bouchées, pour que la pluie n'entre pas, plongent sur un jardin clos de grands murs. Le chardon couvre le gazon, et dans les plates-bandes on a semé du blé qu'entourent des bordures de rosiers.

Entre un champ, où les têtes mûres des épis se courbaient ensemble, et un rideau d'ormeaux plantés sur le haut bord d'un fossé, un sentier mince s'allongeait parmi les broussailles. Les coquelicots éclataient dans les blés ; de la berge du haut bord, des fleurs et des ronces s'échappaient ; des orties, des églantiers, des tiges garnies de dards, des grosses feuilles à peau luisante, des mûres noires, des digitales pourprées, unissant leurs couleurs, enchevêtrant leurs branches, montraient leurs feuillages divers, lançaient leurs rameaux inégaux, et sur la poudre grise croisaient leurs ombres comme les mailles d'un filet.

Quand on a traversé une prairie, on tourne, embarrassée dans les joncs, la roue d'un vieux moulin dont il faut longer la muraille en marchant sur de grosses pierres mises dans l'eau, pour servir de pont, on se retrouve bientôt sur la grande route de Saint-Pol, au fond de laquelle se dresse, tailladée sur tous ses angles, la flèche du clocher de Kreisker ; fine, élancée, et s'appuyant sur une tour surmontée d'une balustrade, de loin elle fait le meilleur effet du monde; mais plus on s'en approche, plus elle se rapetisse et s'enlaidit, et l'on ne trouve enfin qu'une église comme toutes les églises, avec un porche vide dont les statues sont parties. La cathédrale aussi est d'un gothique lourd, empâté d'ornements, chamarré de broderies; mais il y a à Saint-Pol quelque chose, c'est la table d'hôte de son auberge.

Elle était servie cependant par une avenante donzelle qui, avec ses boucles d'oreille d'or sur son cou blanc, son bonnet à barbes retroussées comme les soubrettes de Molière, et ses vifs yeux bleus surtout, vous auraient bien donné envie de lui demander autre chose que des assiettes; mais les convives! Quels convives! Tous habitués! Le haut bout était tenu par un être revêtu d'une veste de velours et d'un gilet de cachemire. Il aimait à passer sa serviette autour des bouteilles entamées, pour les reconnaître. C'est lui qui sert la soupe. A sa gauche mangeait, le chapeau sur la tête, un monsieur en redingote gris clair ornée aux parements et au collet d'une laine frisottée en manière de fourrure, et qui est professeur de musique au collège de la ville. Mais la musique le fatigue, il en a assez, il désire trouver une place, n'importe laquelle, de huit cents à douze cents francs, pas davantage. Il tient peu à l'argent, plus à la considération, c'est une position seulement qu'il désire. Comme il arrivait toujours le repas commencé, il se faisait remonter les plats, les renvoyait, puis éternuait fort, crachait loin, se dandinait sur la chaise, chantonnait tout bas, se couchait sur la table et faisait claquer son cure-dents.

Toute la société le respecte, la servante l'admire parler et en est, je suis sûr, amoureuse. La bonne opinion qu'il a de lui-même, sort de son sourire, de ses paroles, de son silence, de ses gestes, de sa coiffure et ruisselle comme une sueur sur toute sa sale personne.

En face de nous, un individu grisonnant, frisé, grassouillet et courtaud, à pattes rouges, à lèvres épaisses et salivantes, et dont la voix glapissait, tout en mâchant sa nourriture nous regardait d'une telle façon, que nous nous retenions beaucoup pour ne pas lui jeter les carafes sur la tête. Quant au reste, il faisait galerie et contribuait à l'ensemble.

Un soir, l'entretien roula sur une dame des environs qui, ayant jadis décampé du domicile, s'était enfuie en Amérique avec son amant, et qui, la semaine précédente, traversant Saint-Pol pour entrer dans son pays, s'était arrêtée à l'auberge. On s'étonnait de cette audace et l'on accompagnait son nom de toutes sortes d'épithètes. On repassait sa vie entière, on riait de mépris, on l'injuriait quoique absente, on s'animait tout rouge, on aurait voulu la tenir là « pour lui dire un peu son fait, pour voir ce qu'elle aurait répondu ». Déclamations contre le luxe et scandales vertueux, haine de la toilette et maximes morales, mots à double entente et haussements d'épaules, tout fut employé à l'envi pour accabler cette femme qui, à en juger au contraire par l'acharnement de ces rustres, devait être de manières élégantes, de nature relevée, avoir des nerfs délicats et, sans doute, quelque jolie figure. Malgré nous le cœur nous battait de colère et, si nous eussions fait à Saint-Pol, un dîner de plus, infailliblement il nous serait arrivé quelque aventure.

. . . .

CHAPITRE XI

Saint-Malo, bâti sur la mer et clos de remparts semble, lorsqu'on arrive, une couronne de pierres posées sur les flots dont les mâchicoulis sont les fleurons. Les vagues battent contre les murs et, quand il est marée basse, déferlent à leur pied sur le sable. De petits rochers couverts de varechs surgissent de la grève à ras du sol, comme des taches noires sur cette surface blonde. Les plus grands, dressés à pic et tout unis, supportent de leurs sommets inégaux la base des fortifications, en prolongeant ainsi la couleur grise et en augmentant la hauteur.

Au-dessus de cette ligne uniforme de remparts, que çà et là bombent des tours et que perce ailleurs l'ogive aiguë des portes, on voit les toits des maisons serrés l'un près de l'autre, avec leurs tuiles et leurs ardoises, leurs petites lucarnes ouvertes, leurs girouettes découpées qui tournent, et leurs cheminées de poterie rouge dont les fumignons bleuâtres se perdent dans l'air.

Tout à l'entour sur la mer s'élèvent d'arides îlots sans arbres ni gazon sur lesquels on distingue de loin quelques pans de mur percés de meurtrières tombant en ruines et dont chaque tempête enlève de grands morceaux.

En face de la ville, rattaché à la terre ferme par une longue jetée qui sépare le port de la pleine mer, de l'autre côté du bassin s'étend le quartier de Saint-Servan, vide, spacieux, presque désert et couché tout à son aise dans une grande prairie vaseuse. A l'entrée se dressent les quatre tours du château de Solidor reliées entre elles par des courtines, et noires du haut en bas. Cela seul nous récompense d'avoir fait ce long circuit sur la grève, en plein soleil de juillet, au milieu de chantiers, parmi les marmites de goudron qui bouillaient et les feux de copeaux dont on flambait la carcasse des navires.

Le tour de la ville par les remparts est une des plus belles promenades qu'il y ait. Personne n'y vient. On s'asseoit dans l'embrasure des canons, les pieds sur l'abîme. On a devant soi l'embouchure de la Rance, se dégorgeant comme un vallon entre deux vertes collines, et puis les côtes, les rochers, les flots et partout la mer. Derrière vous se promène la sentinelle dont le pas régulier marche sur les dalles sonores.

Un soir nous y restâmes longtemps. La nuit était douce, une belle nuit d'été, sans lune, mais scintillant des feux du ciel, embaumée de brise marine. La ville dormait ; les lumières, l'une après l'autre, disparaissaient des fenêtres, les phares éloignés brillaient en taches rouges dans l'ombre qui sur nos têtes était bleue et piquée en mille endroits par les étoiles vacillantes et rayonnantes. On ne voyait pas la mer, on l'entendait, on la sentait, et les vagues se fouettant contre les remparts, nous envoyaient des gouttes de leur écume par le large trou des mâchicoulis.

À une place, entre les maisons de la ville et la muraille, dans un fossé sans herbe, des piles de boulets sont alignées.

De là vous pouvez voir écrit sur le second étage d'une maison : « Ici est né Chateaubriand. »

Plus loin, la muraille s'arrête contre le ventre d'une grosse tour : c'est la Quiquengrogne ; ainsi que sa sœur, la Générale, elle est large et haute, ventrue, formidable, renflée au milieu comme une hyperbole, et tient bon toujours. Intactes encore et comme presque neuves, sans doute qu'elles vaudraient mieux, si elles égrenaient dans la mer les pierres de leurs créneaux, et si par leur tête frissonnaient au vent les sombres feuillages amis des ruines. Les monuments, en effet comme les hommes et comme les passions, ne grandissent-ils pas par le souvenir ? ne se complètent-ils pas par la mort ?

Nous entrâmes dans le château. La cour déserte où les tilleuls chétifs arrondissent leur ombre sur la terre, était silencieuse comme celle d'un couvent. La femme du concierge alla chercher les clés chez le commandant ; elle revint en compagnie d'une belle petite fille qui venait s'amuser à voir les étrangers. Elle avait les bras nus et tenait un gros bouquet. Ses cheveux noirs frisés d'eux-mêmes, dépassaient sa capote mignonne, et la dentelle de son pantalon flottait sur ses petits souliers de peau de chèvre rattachés autour de ses chevilles par des cordons noirs. Elle allait devant nous dans l'escalier, en courant et en nous appelant.

On monte longtemps, car la tour est haute. Le jour vif des meurtrières passe comme une flèche à travers le mur. Par leur fente, quand vous mettez la tête, vous voyez la mer qui semble s'enfoncer de plus en plus et la couleur crue du ciel qui grandit toujours, si bien que vous avez peur de vous y perdre. Les navires paraissent des chaloupes et leurs mâts, des badines. Les aigles doivent nous croire gros comme des fourmis.

Nous voient-ils seulement? Savent-ils que nous avons des villes, des arcs de triomphe, des clochers?

Arrivés sur la plate-forme, quoique le créneau vous vienne jusqu'à la poitrine, on ne peut se défendre de cette émotion qui vous prend sur tous les sommets élancés ; malaise voluptueux, mêlé de crainte et de plaisir, d'orgueil et d'effroi, lutte de l'esprit qui jouit et des nerfs qui souffrent. On est heureux singulièrement ; on voudrait partir, se jeter, voler, se répandre dans l'air, être soutenu par les vents, et les genoux tremblent, et l'on n'ose approcher du bord.

Des hommes ont pourtant grimpé là, une nuit, avec une corde, mais jadis ! Dans ce prodigieux XVI° siècle, époque de convictions féroces et de frénétiques amours. Comme l'instrument humain y a vibré de toutes ses cordes ! comme l'homme y a été large, rempli, fertile ! Ne peut-on pas dire de cet âge le mot de Fénelon : « Spectacle fait à souhait pour le plaisir des yeux ? » car, sans parler des premiers plans, croyances qui craquent sur leur base comme des montagnes qui s'écroulent, mondes nouveaux qu'on découvre, mondes perdus qu'on exhume, et Michel-Ange sous son dôme, et Rabelais qui rit, et Shakespeare qui regarde, et Montaigne qui rêve ; où trouver ailleurs plus de développement dans les passions, plus de violences dans les courages, plus d'âpreté dans les volontés, une expansion plus complète enfin de la liberté se débattant et tournant sous toutes les fatalités natives? Aussi avec quel relief l'épisode se détache de l'histoire, et comme il rentre cependant d'une merveilleuse façon pour en faire briller la couleur et en approfondir les horizons! Des figures passent devant vous, vivantes en trois lignes : on ne les rencontre qu'une fois ; mais longtemps on les rêve et on s'efforce à les contempler pour les mieux saisir. N'en étaient-ce pas de belles, entre autres, et de terribles, que celles de ces vieux soudards dont la race disparut à peu près vers 1598, à la prise de Vervins, tels que Lamouche, Heurtaud de Saint-Offrange, La Tremblaye qui s'en revenait portant au poing la tête de ses ennemis, ou ce La Fontenelle dont on a parlé ; hommes de fer dont les cœurs ne ployaient pas plus que les épées et qui, attirant à eux mille énergies divergentes qu'ils dirigeaient de la leur, réveillaient les villes en entrant au galop, la nuit, dans leurs murs, équipaient des corsaires, brûlaient la campagne, et avec qui l'on capitulait comme avec des rois ! Qui a songé à peindre ces violents gouverneurs de province, taillant à même la foule, violant les femmes, et râflant l'or, comme d'Épernon, tyran atroce en Provence et mignon parfumé au Louvre, comme Montluc, étranglant les huguenots avec ses mains, ou comme Baligni, ce roi de Cambrai, qui lisait Machiavel pour copier le Valentinois, et dont la femme allait sur la brèche, à cheval, casque en tête et cuirassée.

Un des hommes les plus oubliés de ce temps-là, un de ceux du moins que la plupart des historiens se contentent de nommer, c'est le duc de Mercœur, l'intrépide ennemi de Henri IV, qui lui résista plus longtemps que Mayenne, plus longtemps que la ligue et que Philippe II. Désarmé à la fin, c'est-à-dire gagné, apaisé (à de telles conditions qu'on tint secrets vingt-trois articles du traité) et ne sachant alors plus que faire, il s'en alla servir en Hongrie, combattit les Turcs, en attaqua un jour toute une armée avec cinq mille hommes, puis, vaincu encore par là et s'en revenant en France, mourut de la fièvre à Nuremberg, dans son lit, à l'âge de quarante-quatre ans.

Saint-Malo vient de me le mettre en mémoire. Il s'y heurta toujours et ne put jamais l'avoir pour sujet ni pour allié. Ils entendaient, en effet, faire la guerre pour leur propre compte, le commerce, par leurs propres forces, et quoique ligueurs au fond, repoussaient le duc tout en ne voulant pas du Béarnais.

Quand le sieur de Fontaines, gouverneur de la ville, leur eut appris la mort de Henri III, ils refusèrent de reconnaître le roi de Navarre. On prit les armes, on fit des barricades. Fontaines se renferma dans le château et chacun resta sur la défensive. Peu à peu ils empiétèrent. D'abord ils exigèrent de Fontaines qu'il déclarât vouloir les conserver dans leurs franchises. Fontaines céda, espérant gagner du temps. L'année suivante (1589) ils choisirent quatre généraux indépendants du gouverneur. L'année d'après, ils obtinrent de tendre des chaînes, Fontaine accorda encore. Le roi était à Laval, il l'attendait. Le moment allait venir qu'il se vengerait d'un seul coup de toutes les humiliations qu'il avait reçues, de toutes les concessions qu'il avait faites. Mais il se hâta trop et se découvrit. Quand les Malouins vinrent à lui rappeler ses promesses, il leur répondit que si le roi se présentait il lui ouvrirait les portes. Dès lors on prit un parti.

Le château avait quatre tours. C'est par la plus haute (la Générale) celle en qui Fontaines se fiait le plus, qu'ils tentèrent l'escalade. Ces audaces alors n'étaient pas rares, témoin l'ascension de la falaise de Fécamp par Bois-Rosé et l'attaque du château de Blein par Goëbriant.

On se concerte, on se réunit plusieurs soirs de suite chez un certain Frotet, sieur de la Landelle on s'abouche avec un canonnier écossais de la place, et par une nuit de brouillard tous partirent en armes, se rendirent sous les murs de la ville, se laissèrent couler en dehors avec des cordages et s'approchèrent du pied de la Générale,

Là ils attendirent. Un frôlement brusque se fit sur la muraille; un peloton de fil tomba, ils y attachèrent vite leur échelle de corde qui fut hissée le long de la tour et liée par en haut par le canonnier, à l'extrémité d'une couleuvrine braquée dans l'embrasure d'un créneau.

Michel Frotet monta le premier, puis Charles Anselin, La Blissais et les autres. La nuit était sombre; le vent soufflait; ils grimpaient lentement, le poignard dans les dents, tâtonnant du pied les échelons et avançant les mains. Tout à coup (ils étaient au milieu déjà), ils se sentent descendre, la corde se dénoue. Pas un cri, ils restèrent immobiles. C'était le poids de tous ces corps qui avait fait faire la bascule à la coulevrine ; elle s'arrêta sur l'appui de l'embrasure, puis ils se remirent en marche et arrivèrent tous à la file sur la plateforme de la tour.

Les sentinelles engourdies n'eurent pas le temps de donner l'alarme. La garnison dormait, ou jouait aux dés sur les tambours. La terreur la prit, elle se réfugia dans le donjon. Les conjurés l'y poursuivirent ; on se battit dans les escaliers, dans les couloirs, dans les chambres, on s'écrasait sous les portes, on tuait, on égorgeait. Les habitants de la ville arrivèrent en renfort ; d'autres dressèrent des échelles contre la Quiquengrogne, entrèrent sans résistance et commencèrent le pillage. La Péraudière, lieutenant du château, apercevant La Blissais, lui dit : « Voilà, Monsieur, une misérable nuit. » Mais La Blissais lui fit comprendre qu'il n'était pas temps de discourir. On n'avait pas encore vu le comte de Fontaines. On alla à sa chambre, on le trouva mort sur le seuil, percé d'un coup d'arquebuse que lui avait tiré un des habitants, au moment où il sortait faisant porter un flambeau devant lui. « Au lieu de courir au danger, dit l'auteur de la relation (1), il s'était habillé lentement comme pour aller aux noces, sans qu'aucune aiguillette ne manquât d'être attachée. »

Cette surprise de Saint-Malo qui fit tant de mal au roi n'aida en rien le duc de Mercœur. Il désirait fort que les Malouins acceptassent un gouverneur de sa main, son fils, par exemple, un enfant, c'est-à-dire lui-même, mais ils s'obstinèrent à ne vouloir personne. Il leur envoya des troupes pour les protéger, ils les refusèrent, et les troupes furent contraintes de loger hors la ville.

Ils n'en devenaient pas cependant plus royalistes pour cela ; car quelque temps après ayant arrêté le marquis de La Noussaie et le vicomte de Denoual, il en coûta pour sortir de prison douze mille écus au marquis et deux mille au vicomte.

1. Josselin Frotet, sieur de La Laudelle, chez qui les conjurés se donnèrent rendez-vous avant de tenter l'escalade. Voyez dans la coll. des bénédictins, dom Tallandier, t. II, de l'*Histoire civ. et ecclés. de Bretagne*, p. 336 et sq. (Note du manuscrit de G. F.

Puis craignant que Pont-Brient n'interrompît le commerce avec Dinan et les autres villes de la Ligue, ils s'en emparent.

Supposant que leur évêque, seigneur temporel de la ville, pourrait bien les dépouiller de la liberté qu'ils venaient d'acquérir, ils le mettent en prison et ne le relâchent qu'au bout d'un an.

On sait enfin à quelles conditions ils acceptèrent Henri IV; ils devaient se garder eux-mêmes, ne pas recevoir de garnison, être exempts d'impôts pendant six ans, etc.

Placé entre la Bretagne et la Normandie, ce petit peuple semble avoir à la fois : de la première, la ténacité, la résistance granitique; de la seconde, la fougue, l'élan. Marins ou écrivains, voyageurs de tous océans, ce qui les distingue surtout c'est l'audace; violentes natures d'homme, poétiques à force d'être brutales, souvent étroites aussi à force d'être obstinées. Il y a cette ressemblance entre ces deux fils de Saint-Malo : Lamennais et Broussais, qu'ils furent toujours également extrêmes dans leurs systèmes, et qu'il ont, avec la même conviction acharnée, employé la seconde partie de leur vie à combattre ce qu'ils avaient soutenu dans la première.

Dans l'intérieur de la ville vous passez par de petites rues tortueuses, entre des maisons hautes, le long de sales boutiques de voiliers ou de marchands de morue. Point de voiture, aucun luxe ; c'est noir et puant comme la cale d'un vaisseau. Ça sent Terre-Neuve et la viande salée, l'odeur rance des longs voyages.

« Le guet et ronde s'y fait chaque nuit avec de gros chiens d'Angleterre, dits dogues, lesquels on met au soir hors la ville, avec un maître qui les mène, et ne fait lors bon s'y trouver à l'entour. Mais, venant le matin on les ramène en certain lieu de la ville où ils déposent toute leur fureur qui, de nuit, est étrangement grande [1]. »

A part la disparition de cette police quadrupède qui dévora jadis Monsieur du Mollet, et dont voilà l'existence constatée par un texte contemporain, l'extérieur des choses a peu changé, sans doute, et même les gens civilisés qui habitent Saint-Malo prétendent qu'on y est fort arriéré. Le seul tableau que nous ayons re-

---

1. D'Argentré, *Hist. de Bretagne*, p. 62.

marqué dans l'église est une grande toile représentant la bataille de Lépante et dédiée à Notre-Dame-des-Victoires. Elle plane, en haut, dans les nuages. Au premier plan, toute la chrétienté est à genoux, princesses et rois, couronnes en tête. Au fond, les deux armées s'entrechoquent. Les Turcs sont précipités dans les flots, et les chrétiens lèvent les bras au ciel.

L'église est laide, sèche, sans ornements, presque protestante d'aspect. J'ai remarqué peu d'ex-voto, chose étrange ici en face du péril. Il n'y a ni fleurs ni cierges dans les chapelles, pas de sacré-cœur saignant, de vierge chamarrée, rien enfin de tout ce qui indigne si fort M. Michelet.

En face des remparts, à cent pas de la ville, l'îlot du Grand-Bay se lève au milieu des flots. Là se trouve la tombe de Chateaubriand; ce point blanc taillé dans le rocher est la place qu'il a destinée à son cadavre.

Nous y allâmes un soir, à marée basse. Le soleil se couchait. L'eau coulait encore sur le sable. Au pied de l'île, les varechs dégouttelants s'épandaient comme des chevelures de femmes antiques le long d'un grand tombeau.

L'île est déserte; une herbe rare y pousse où se mêlent de petites touffes de fleurs violettes et de grandes orties. Il y a sur le sommet une casemate délabrée avec une cour dont les vieux murs s'écroulent. En dessous de ce débris, à mi-côte, on a coupé à même la pente un espace de quelques dix pieds carrés au milieu duquel s'élève une dalle de granit surmontée d'une croix latine. Le tombeau est fait de trois morceaux, un pour le socle, un pour la dalle, un pour la croix.

Il dormira là-dessous, la tête tournée vers la mer; dans ce sépulcre bâti sur un écueil, son immortalité sera comme fut sa vie, déserte des autres et tout entourée d'orages. Les vagues avec les siècles murmureront longtemps autour de ce grand souvenir; dans les tempêtes elles bondiront jusqu'à ses pieds, ou les matins d'été, quand les voiles blanches se déploient et que l'hirondelle arrive d'au delà des mers, longues et douces, elles lui apporteront la volupté mélancolique des horizons et la caresse des larges brises. Et les jours ainsi s'écoulant, pendant que les flots de la grève natale iront se balançant toujours entre son berceau et son tombeau, le cœur de René devenu froid, lentement, s'éparpillera dans le néant, au rythme sans fin de cette musique éternelle.

Nous avons tourné autour du tombeau, nous l'avons touché de nos mains, nous l'avons regardé comme s'il eût contenu son hôte, nous nous sommes assis par terre à ses côtés.

Le ciel était rose, la mer tranquille et la brise endormie. Pas une ride ne plissait la surface immobile de l'Océan sur lequel le soleil à son coucher versait sa lumière d'or. Bleuâtre vers les côtes seulement, et comme s'y évaporant dans la brume; partout ailleurs la mer était rouge et plus enflammée encore au fond de l'horizon, où s'étendait dans toute la longueur de la vue une grande ligne de pourpre. Le soleil n'avait plus ses rayons; ils étaient tombés de sa face et noyant leur lumière dans l'eau semblaient flotter sur elle. Il descendait en tirant à lui du ciel la teinte rose qu'il y avait mise, et à mesure qu'ils dégradaient ensemble, le bleu pâle de l'ombre s'avançait et se répandait sur toute la voûte. Bientôt il toucha les flots, rogna dessus son disque d'or, s'y enfonça jusqu'au milieu. On le vit un instant coupé en deux moitiés par la ligne de l'horizon ; l'une dessus, sans bouger, l'autre en dessous qui tremblotait et s'allongeait, puis il disparut complètement; et quand à la place où il avait sombré, son reflet n'ondula plus, il sembla qu'une tristesse tout à coup était survenue sur la mer.

La grève parut noire. Un carreau d'une des maisons de la ville, qui tout à l'heure brillait comme du feu, s'éteignit. Le silence redoubla; on entendait des bruits pourtant : la lame heurtait les rochers et retombait avec lourdeur ; des moucherons à longues pattes bourdonnaient à nos oreilles, disparaissant dans le tourbillonnement de leur vol diaphane, et la voix confuse des enfants qui se baignaient au pied des remparts arrivait jusqu'à nous avec des rires et des éclats.

Nous les voyions de loin qui s'essayaient à nager, entraient dans les flots, couraient sur le rivage.

Nous descendîmes l'îlot, traversâmes la grève à pied. La marée venait et montait vite; les rigoles se remplissaient; dans le creux des rochers la mousse frémissait, ou, soulevée du bord des lames, elle s'envolait par flocons et sautillait en s'enfuyant.

Les jeune garçons nus sortaient du bain ; ils allaient s'habiller sur le galet où ils avaient laissé leurs vêtements et, de leurs pieds qui n'osaient, s'avançaient sur les cailloux. Lorsque voulant passer leur chemise le linge se collait sur leurs épaules mouillées, on voyait le torse blanc qui serpentait d'impatience, tandis que la tête et les bras, restant voilés, les manches voltigeaient au vent et claquaient comme des banderoles.

Près de nous passa un homme dont la chevelure trempée tombait droite autour de son cou. Son corps lavé brillait. Des gouttes perlaient aux boucles frisées de sa barbe noire et il secouait ses cheveux pour en faire tomber l'eau. Sa poitrine large où un sillon velu lui courait sur le thorax, entre des muscles pleins carrément taillés, haletait encore de la fatigue de la nage et communiquait un mouvement calme à son ventre plat dont le contour vers les flancs était lisse comme l'ivoire. Ses cuisses nerveuses à plans successifs jouaient sur un genou mince qui, d'une façon ferme et moelleuse, déployait une fine jambe robuste terminée par un pied cambré à talon court et dont les doigts s'écartaient. Il marchait lentement sur le sable.

Oh! que la forme humaine est belle, quand elle apparaît dans sa liberté native, telle qu'elle fut créée au premier jour du monde! Où la trouver, masquée qu'elle est maintenant et condamnée pour toujours à ne plus apparaître au soleil? Ce grand mot de nature que l'humanité tour à tour a répété avec idolâtrie ou épouvante, que les philosophes sondaient, que les poètes chantaient, comme il se perd! comme il s'oublie! Loin des tréteaux où l'on crie et de la foule où l'on se pousse, s'il y a encore çà et là, sur la terre, des cœurs avides que tourmente sans relâche le malaise de la beauté, qui toujours sentent en eux ce désespérant besoin de dire ce qui ne se peut dire et de faire ce qui se rêve, c'est là, c'est là pourtant, comme à la patrie de l'idéal, qu'il leur faut courir et qu'il leur faut vivre. Mais comment? Par quelle chimie? L'homme a coupé les forêts, il bat les mers, et sur les villes le ciel fait les nuages avec la fumée de ses foyers. La gloire, sa mission, disent d'autres, n'est-elle pas d'aller toujours ainsi, attaquant l'œuvre de Dieu, gagnant sur elle?

il la nie, il la brise, il l'écrase, et jusque dans ce corps dont il rougit et qu'il cache comme le crime.

L'homme étant ainsi devenu ce qu'il y a de plus rare et de plus difficile à connaître (je ne parle pas de son cœur, ô moralistes!), il en est résulté que l'artiste ignore la forme qu'il a et les qualités qui la font belle. Quel est le poète d'aujourd'hui, parmi les plus savants, qui sache ce que c'est que la femme? Où en aurait-il jamais vu, le pauvre diable? Qu'en a-t-il pu apprendre dans les salons, à travers le corset ou la crinoline, ou dans son lit même, pendant les entr'actes du plaisir?

La plastique cependant, mieux que toutes les rhétoriques du monde, enseigne à celui qui la contemple la gradation des proportions, la fusion des plans, l'harmonie enfin! Les races antiques, par le seul fait de leur existence, ont ainsi détrempé sur les œuvres des maîtres, la pureté de leur sang avec la noblesse de leurs attitudes. J'entends confusément dans Juvénal des râles de gladiateurs; Tacite a des tournures qui ressemblaient à des draperies de laticlave, et certains vers d'Horace ont des reins d'esclave grecque avec des balancements de hanche, et des brèves et des longues qui sonnent comme des crotales.

Mais pourquoi s'inquiéter de ces niaiseries? N'allons pas chercher si loin, contentons-nous de ce qui se fabrique. Ce qu'on demande aujourd'hui, n'est-ce pas plutôt tout le contraire du nu, du simple et du vrai? Fortune et succès à ceux qui savent revêtir et habiller les choses! Le tailleur est le roi du siècle, la feuille de vigne en est le symbole; lois, arts, politique, caleçon partout! Libertés menteuses, meubles plaqués, peinture à la détrempe, le public aime ça. Donnez-lui en, fourrez-lui en, gorgez cet imbécile!

. . . .

..... La route de Pontorson au mont Saint-Michel est tirante à cause des sables. Notre chaise de poste (car nous allons aussi en chaise de poste) était dérangée à tous moments par quantité de charrettes remplies d'une terre grise que l'on prend dans ces parages et que l'on exporte je ne sais où pour servir d'engrais. Elles augmentent à mesure qu'on approche de la mer et défilent ainsi pendant plusieurs lieues, jusqu'à ce que l'on découvre enfin les grèves abandonnées d'où elles viennent. Sur cette étendue blanche où les tas de terre élevés en cônes ressemblaient à des cabanes, tous ces chariots dont la longue file remuante fuyait dans la perspective nous rappelaient quelque émigration des barbares qui se met en branle et quitte ses plaines.

L'horizon vide se prolonge, s'étale et finit par fondre ses terrains crayeux dans la couleur jaune de la plage. Le sol devient plus ferme, une odeur salée vous arrive, on dirait un désert dont la mer s'est retirée. Des langues de sable, longues, aplaties l'une sur l'autre, se continuant indéfiniment par des plans indistincts se rident comme une ombre sous de grandes lignes courbes, arabesques géantes que le vent s'amuse à dessiner sur leur surface. Les flots sont loin, si reculés qu'on ne les voit plus, qu'on n'entend pas leur bruit, mais je ne sais quel vague murmure, insaisissable, aérien, comme la voix même de la solitude qui n'est peut-être que l'étourdissement de ce silence.

En face, devant vous, un grand rocher de

forme ronde, la base garnie de murailles crénelées, le sommet couronné d'une église se dresse, enfonçant ses tours dans le sable et levant ses clochetons dans l'air. D'énormes contreforts qui retiennent les flancs de l'édifice s'appuient sur une pente abrupte d'où déroulent des quartiers de rocs et des bouquets de verdure sauvage. A mi-côte, étagées comme elles peuvent, quelques maisons, dépassant la ceinture blanche de la muraille et dominées par la masse brune de l'église clapotent leurs couleurs vives entre ces deux grandes teintes unies.

La chaise de poste allait devant nous; nous la suivions de loin, d'après le sillon de ses roues qui creusaient des ornières; elle s'enfonçait dans l'éloignement et sa capote que l'on apercevait seule, s'enfuyant, avait l'air d'un gros crabe qui se traînait sur la grève.

Çà et là, des courants d'eau passaient ; il fallait remonter plus loin. Ou bien c'étaient des places de vase qui se présentaient à l'improviste encadrant dans le sable leurs méandres inégaux.

A nos côtés cheminaient deux curés qui venaient aussi voir le mont Saint-Michel. Comme ils avaient peur de salir leurs robes neuves, ils les relevaient autour d'eux pour enjamber les ruisseaux et sautaient en s'appuyant sur leurs bâtons. Leurs boucles d'argent étaient grises de la boue que le soleil y séchait à mesure, et leurs souliers trempés bâillaient en flaquant à tous leurs pas.

Le mont cependant grandissait. D'un même coup d'œil nous en saisissions l'ensemble et nous voyions, à les pouvoir compter, les tuiles des toits, les tas d'orties dans les rochers et, tout en haut, les lames vertes d'une petite fenêtre qui donne sur le jardin du gouverneur.

La première porte étroite et faite en ogive s'ouvre sur une sorte de chaussée de galets descendant à la mer ; sur l'écu rongé de la seconde, des lignes onduleuses taillées dans la pierre, semblent figurer des flots ; par terre, des deux côtés, sont étendus des canons énormes faits de barres de fer reliées avec des cercles pareils. L'un d'eux a gardé dans sa gueule son boulet de granit; pris sur les Anglais, en 1423, par Louis d'Estouteville, depuis quatre siècles ils sont là.

Cinq ou six maisons se regardant en face composent toute la rue ; leur alignement s'arrête et elles continuent par les raidillons et les escaliers qui mènent au château, se succédant au hasard, huchées, jetées l'une par-dessus l'autre.

Pour y aller, on monte d'abord sur la courtine dont la muraille cache aux logis d'en bas la vue de la mer. La terre paraît sous les dalles fendues ; l'herbe verdoie entre les créneaux, et dans les effondrements du sol s'étalent des flaques d'urine qui rongent les pierres. Le rempart contourne l'île et s'élève par des paliers successifs. Quand on a dépassé l'échauguette qui fait angle entre les deux tours, un petit escalier droit se présente ; de marche en marche, en grimpant, s'abaissent graduellement les toits des maisons dont les cheminées délabrées fument à cent pieds sous vous. Vous voyez à la lucarne des greniers le linge suspendu sécher au bout d'une perche avec des haillons rouges recousus, ou se cuire au soleil, entre le toit d'une maison et le rez-de-chaussée d'une autre, quelque petit jardin grand comme une table où les poreaux languissant de soif couchent leurs feuilles sur la terre grise; mais l'autre face du rocher, celle qui regarde la pleine mer, est nue, déserte, si escarpée que les arbustes qui y ont poussé ont du mal à s'y tenir et, tout penchés sur l'abîme, semblent prêts à y tomber.

Bien haut planant à l'aise quand vous êtes ainsi à jouir d'autant d'étendue que s'en peuvent repaître des yeux humains, que vous regardez la mer, l'horizon des côtes développant son immense courbe bleuâtre, où, dressée sur sa pente perpendiculaire, la muraille de la Merveille, avec ses trente-six contreforts géants et qu'un rire d'admiration vous crispe la bouche, tout à coup, vous entendez dans l'air claquer le bruit sec des métiers. On fait de la toile. La navette va, bat, heurte ses coups brusques; tous s'y mettent, c'est un vacarme.

Entre deux fines tourelles représentant deux pièces de canon sur leur culasse, la porte d'entrée du château s'ouvre par une voûte longue où un escalier de granit s'engouffre. Le milieu en reste toujours dans l'ombre, éclairé qu'il est à peine par deux demi-jours, l'un arrivant d'en bas, l'autre tombant d'en haut par l'intervalle de la herse ; c'est comme un souterrain qui descendrait vers vous.

Le corps de garde est, en entrant, au haut du grand escalier. Le bruit des crosses de fusil retentissait sous les voûtes avec la voix des sergents qui faisaient l'appel. On battait du tambour.

Cependant un garde-chiourme nous a rapporté nos passeports que M. le gouverneur avait désiré voir ; il nous a fait signe de le suivre, il a ouvert des portes, poussé des verrous, nous a conduits à travers un labyrinthe de couloirs, de voûtes, d'escaliers. On s'y perd ; une seule visite ne suffisant pas pour comprendre le plan compliqué de toutes ces constructions réunies où, forteresse, église, abbaye, prisons, cachots, tout se trouve, depuis le roman du xi° siècle jusqu'au gothique flamboyant du xvi°. Nous ne pûmes voir que par un carreau, et en nous haussant sur la pointe des pieds, la salle des chevaliers qui, servant maintenant d'atelier de tissage, est par ce motif interdite aux gens. Nous y distinguâmes seulement quatre rangs de colonnes à chapiteaux ornés de trèfles et supportant une voûte sur laquelle filent des nervures saillantes. A deux cents pieds au-dessus du niveau de la mer, le cloître est bâti sur cette salle des chevaliers. Il se compose d'une galerie quadrangulaire formée par une triple rangée de colonnettes en granit, en tuf, en marbre granitelle ou en stuc fait avec des coquillages broyés. L'acanthe, le chardon, le lierre et le chêne s'enroulent à leurs chapiteaux; entre chaque ogive bonnet d'évêque une rosace en trèfle se découpe dans la lumière; on en a fait le préau des prisonniers.

La casquette du garde-chiourme passe le long de ces murs où l'on voyait rêver jadis le crâne tonsuré des vieux bénédictins travailleurs; et le sabot du détenu bruit sur ces dalles que frôlaient les robes des moines soulevées par les grosses sandales de cuir qui se ployaient sous leurs pieds nus.

L'église a un cœur gothique et une nef romane, les deux architectures étant là comme pour lutter de grandeur et d'élégance. Dans le chœur l'ogive des fenêtres est haute, pointue, élancée comme une aspiration d'amour; dans la nef, les arcades l'une sur l'autre ouvrent rondement leurs demi-cercles superposés, et sur la muraille montent des colonnettes qui grimpent droites comme des troncs de palmier. Elles appuient leurs pieds sur des piliers carrés, couronnent leurs chapiteaux de feuilles d'acanthe, et continuent au delà par de puissantes nervures qui se courbent sous la voûte, s'y croisent et la soutiennent.

Il était midi. Par la porte ouverte le grand jour entrant faisait ruisseler ses effluves sur les pans sombres de l'édifice.

La nef séparée du chœur par un grand rideau de toile verte est garnie de tables et de bancs, car on l'a utilisée en réfectoire.

Quand on dit la messe, on tire le rideau, et les condamnés assistent à l'office divin sans déranger leurs coudes de la place où ils mangent. Cela est ingénieux.

Pour agrandir de douze mètres la plate-forme qui se trouve au couchant de l'église, on a tout bonnement raccourci l'église ; mais comme il fallait reconstruire une entrée quelconque, un architecte a imaginé de fermer la nef par une façade de style grec ; puis, éprouvant peut-être des remords ou voulant, ce qui est plus croyable, raffiner son œuvre, il a rajusté après coup des colonnes à chapiteaux « assez bien imités du xi° siècle », dit la notice. Taisons-nous, courbons la tête. Chacun des arts a sa lèpre particulière, son ignominie mortelle qui lui ronge le visage. La peinture a le portrait de famille, la musique a la romance, la littérature a la critique et l'architecture a l'architecte.

Les prisonniers marchaient sur la plate-forme, tous en rang, l'un derrière l'autre, les bras croisés, ne parlant pas, dans ce bel ordre enfin que nous avions contemplé à Fontevrault. C'étaient les malades de l'infirmerie auxquels on faisait prendre l'air et qu'on distrait ainsi pour les guérir.

L'un d'eux relevant les pieds plus haut que les autres et se tenant les mains à la veste du compagnon qui était devant lui, suivait la file en trébuchant. Il était aveugle. Pauvre misérable! Dieu l'empêche de voir et les hommes lui défendent de parler!

Le lendemain quand la grève se fut découverte encore, nous partîmes du mont Saint-Michel par un ardent soleil qui chauffait les cuirs de la voiture et faisait suer les chevaux. Nous avancions au pas; les colliers craquaient, les roues enfonçaient dans le sable. Au bout de la grève, quand le gazon a paru, j'ai appliqué mon œil à la petite lucarne qui est au fond des voitures et j'ai dit adieu au mont Saint-Michel.

. . . .

Combourg. — Une lettre du Vte de Vésin devait nous ouvrir l'entrée du château. Aussi à peine arrivés nous allâmes chez M. Corvesier qui en est le régisseur.

On nous introduisit dans une grande cuisine où une demoiselle en noir, fort marquée de petite vérole et portant des lunettes d'écailles sur de gros yeux myopes égrainait des groseilles dans une terrine. La marmite aux confitures était sur le feu et on écrasait du sucre avec des bouteilles. Évidemment nous *dérangions*. Au bout de quelques minutes, on descendit nous dire que M. Corvesier, malade et grelottant de la fièvre dans son lit, était bien désolé de ne pouvoir nous rendre service, mais qu'il nous présentait ses respects. Cependant, son commis, *qui venait de rentrer de course* et faisait la collation dans la cuisine en buvant un verre de cidre et en mangeant une tartine de beurre, s'offrit à sa place à nous montrer le château. Il déposa sa serviette, se suça les dents, alluma sa pipe, prit un paquets de clés accroché à un clou et se mit à marcher devant nous dans le village.

Après avoir longé un grand mur, on entre par une vieille porte ronde dans une cour de ferme silencieuse. Le silex sort ses pointes sur la terre battue où se montre une herbe rare salie par les fumiers qu'on traîne. Il n'y avait personne; les écuries étaient vides. Dans les hangars, les poules, juchées sur le timon des charrettes dormaient, la tête sous l'aile. Au pied des bâtiments la poussière de la paille tombée des granges, assourdissait le bruit des pas.

Quatre grosses tours, rejointes par des courtines, laissent voir sous leur toit pointu les trous de leurs créneaux qui ressemblent aux sabords d'un navire, et les meurtrières dans les tours, ainsi que sur le corps du château de petites fenêtres irrégulièrement percées, font des baies noires inégales sur la couleur grise des pierres. Un large perron d'une trentaine de marches monte tout droit au premier étage, devenu le rez-de-chaussée des appartements de l'intérieur depuis qu'on en a comblé les douves.

Le « violier jaune » n'y croissait pas, mais les lentisques et les orties, avec la mousse verdâtre et les lichens. A gauche, à côté de la tourelle, un bouquet de marronniers a gagné jusqu'à son toit et l'abrite de son feuillage.

Quand la clé eut tourné dans la serrure et que la porte, poussée à coups de pieds, eut grincé sur le pavé collant, nous entrâmes dans un couloir sombre qu'encombraient des planches et des échelles avec des cercles de futailles et des brouettes.

Ce passage vous mène à une petite cour comprise entre les pans intérieurs du château et resserrée par l'épaisseur des murs. Le jour n'arrive que d'en haut, comme dans un préau de prison. Dans les angles, des gouttes humides coulaient le long des pierres.

Une autre porte fut ouverte. C'était une vaste salle dégarnie, sonore; le dallage est brisé en mille endroits; on a repeint le vieux lambris.

Par les grandes fenêtres, la teinte verte des bois d'en face jetait un reflet livide sur la muraille blanchie. Tout à leur pied le lac est répandu, étalé sur l'herbe parmi les joncs ; sous les fenêtres, les troènes, les acacias et les lilas, poussés pêle-mêle dans l'ancien parterre, couvrent de leur taillis sauvage le talus qui descend jusqu'à la grande route ; elle passe sur la berge du lac et continue ensuite par la forêt.

Rien ne résonnait dans la salle déserte où jadis, à cette heure, s'asseyait sur le bord de ces fenêtres l'enfant qui fit *René*. Le commis fumait sa pipe et crachait par terre. Son chien, qu'il avait amené, se promenait en furetant les souris et les ongles de ses pattes sonnaient sur le pavé.

Nous avons monté les escaliers tournants. Le pied trébuche, on tâtonne des mains. Sur les marches usées, la mousse est venue. Souvent un rayon lumineux, passant par la fente des murs et frappant dessus d'aplomb, en fait briller quelque petit brin vert qui, de loin, dans l'ombre, scintille comme une étoile. Nous avons erré partout : dans les longs couloirs, sur les tours, sur la courtine étroite dont les trous des mâchicoulis béants, tirent l'œil en bas vers l'abîme.

Donnant sur la cour intérieure, au second étage, est une petite pièce basse dont la porte de chêne, ornée de ramures moulées, s'ouvre par un loquet de fer. Les poutrelles du plafond, que l'on touche avec la main, sont vermoulues de vieillesse; les lattes paraissent sous le plâtre de la muraille qui a de grandes taches sales; les carreaux de la fenêtre sont obscurcis par la toile des araignées et leurs châssis encroûtés dans la poussière. C'était là sa chambre. Elle a vue vers l'ouest, du côté du soleil couchant.

Nous continuâmes; nous allions toujours; quand nous passions près d'une brèche, d'une meurtrière ou d'une fenêtre, nous nous réchauffions à l'air chaud qui venait du dehors, et cette transition subite rendait tous ces délabrements encore plus tristes et plus froids. Dans les chambres, les parquets pourris s'effondrent, le jour descend par les cheminées, le long de la plaque noircie où les pluies ont fait de longues traînées vertes. Le plafond du salon laisse tomber ses fleurs d'or et l'écusson qui en surmonte le chambranle est cassé en morceaux. Comme nous étions là, une volée d'oiseaux est entrée tout à coup, a tourbillonné avec des cris et s'est enfuie par le trou de la cheminée.

Le soir, nous avons été sur le bord du lac, de l'autre côté dans la prairie. La terre le gagne, il s'y perd de plus en plus, il disparaîtra bientôt et les blés pousseront où tremblent maintenant les nénuphars. La nuit tombait. Le château, flanqué de ses quatre tourelles, encadré dans sa verdure et dominant le village qu'il écrase, étendait sa grande masse sombre. Le soleil couchant, qui passait devant sans l'atteindre, le faisait paraître noir, et ses rayons, effleurant la surface du lac, allaient se perdre dans la brume, sur la cime violette des bois immobiles.

Assis sur l'herbe, au pied d'un chêne, nous lisions *René*. Nous étions devant ce lac où il contemplait l'hirondelle agile sur le roseau mobile, à l'ombre de ces bois où il poursuivait l'arc-en-ciel sur les collines pluvieuses ; nous écoutions ce frémissement de feuilles, ce bruit de l'eau sous la brise qui avaient mêlé leur murmure à la mélodie éplorée des ennuis de sa jeunesse. A mesure que l'ombre tombait sur les pages du livre, l'amertume des phrases gagnait nos cœurs et nous fondions avec délices dans ce je ne sais quoi de large, de mélancolique et de doux.

Près de nous une charrette a passé en claquant dans les ornières son essieu sonore. On sentait l'odeur des foins coupés. On entendait le bruit des grenouilles qui coassaient dans le marécage. Nous rentrâmes.

Le ciel était lourd ; toute la nuit il y eut de l'orage. A la lueur des éclairs, la façade de plâtre d'une maison voisine s'illuminait et flambait comme embrasée. Haletant, lassé de me retourner sur mon matelas, je me suis levé, j'ai allumé ma chandelle, j'ai ouvert la fenêtre et j'ai regardé la nuit.

Elle était noire, silencieuse comme le sommeil. Mon flambeau qui brûlait dessinait monstrueusement sur le mur d'en face ma silhouette agrandie. De temps à autre, un éclair muet survenant tout à coup m'éblouissait les yeux.

J'ai pensé à cet homme qui a commencé là et qui a rempli un demi-siècle du tapage de sa douleur.

Je le voyais d'abord dans ces rues paisibles, vagabondant avec les enfants du village, quand il allait dénicher les hirondelles dans le clocher de l'église ou la fauvette dans les bois. Je me le figurais dans sa petite chambre, triste et le coude sur la table, regardant la pluie courir sur les carreaux et, au delà de la courtine, les nuées qui passaient pendant que ses rêves s'envolaient; je me figurais les longs après-midi rêveurs qu'il y avait eus; je songeais aux amères solitudes de l'adolescence, avec leurs vertiges, leurs nausées et leurs bouffées d'amour qui rendent les cœurs malades. N'est-ce pas ici que fut couvée notre douleur à nous autres, le golgotha même où le génie qui nous a nourris a sué son angoisse?

Rien ne dira les gestations de l'idée ou les tressaillements que font subir à ceux qui les portent les grandes œuvres futures ; mais on s'éprend à voir les lieux où nous savons qu'elles furent conçues, vécues, comme s'ils avaient gardé quelque chose de l'idéal inconnu qui vibra jadis.

Sa chambre ! sa chambre ! sa pauvre petite chambre d'enfant ! C'est là que tourbillonnaient, l'appelaient des fantômes confus qui tourmentaient ses heures en lui demandant à naître : Atala secouant au vent des Florides les magnolias de sa chevelure ; Velléda, au clair de lune, courant sur la bruyère ; Cymodocée voilant son sein nu sous la griffe des léopards, et la blanche Amélie, et le pâle René !

Un jour, cependant, il la quitte, il s'en arrache, il dit adieu et pour n'y plus revenir au vieux foyer féodal. Le voilà perdu dans Paris et se mêlant aux hommes ; puis, l'inquiétude le prend, il part.

Penché à la proue de son navire, je le vois cherchant un monde nouveau, en pleurant la patrie qu'il abandonne. Il arrive; il écoute le bruit des cataractes et la chanson des Natchez; il regarde couler l'eau des grands fleuves paresseux et contemple sur les bords briller l'écaille des serpents avec les yeux des femmes sauvages. Il abandonne son âme aux langueurs de la savane. De l'un à l'autre, ils s'épanchent leurs mélancolies natives et il épuise le désert comme il avait tari l'amour. Il revient, il parle, et on se tient suspendu à l'enchantement de ce style magnifique, avec sa cambrure royale et sa phrase ondulante, empanachée, drapée, orageuse comme le vent des forêts vierges, colorée comme le cou des colibris, tendre comme les rayons de la lune à travers le trèfle des chapelles.

Il part encore; il va, remuant de ses pieds la poussière antique; il s'asseoit aux Thermopyles et crie : Léonidas! Léonidas! court autour du tombeau d'Achille, cherche Lacédémone, égrène dans ses mains les caroubiers de Carthage, et, comme le pâtre engourdi qui lève la tête au bruit des caravanes, tous ces grands paysages se réveillent quand il passe dans leurs solitudes.

Tour à tour exilé, proscrit, comblé d'honneurs, il dînera ensuite à la table des rois, lui qui s'était évanoui de faim dans les rues; il sera ambassadeur et ministre, essayera de retenir de ses mains la monarchie qui s'écroule et, au milieu des ruines de ses croyances, assistera enfin à sa propre gloire, comme s'il était déjà compté parmi les morts.

Né sur le déclin d'une société et à l'aurore d'une autre, il est venu pour en être la transition et comme pour en résumer en lui les espérances et les souvenirs. Il a été l'embaumeur du catholicisme et l'acclamateur de la liberté. Homme des vieilles traditions et des vieilles illusions, en politique il fut constitutionnel, et en littérature révolutionnaire. Religieux d'instinct et d'éducation, c'est lui qui, avant tous les autres, avant Byron, a poussé le cri le plus sauvage de l'orgueil, exprimé son plus épouvantable désespoir.

Artiste, il eut cela de commun avec ceux du xviii° siècle qu'il fut toujours comme eux gêné dans des poétiques étroites, mais qui, débordées à tout instant par l'étendue de son génie, en ont malgré lui craqué dans toute leur circonférence. Comme homme, il a partagé la misère de ceux du XIX° siècle; il a eu leurs préoccupations turbulentes, leurs gravités futiles. Non content d'être grand, il a voulu paraître grandiose, et il s'est trouvé pourtant que cette manie vaniteuse n'a pas effacé sa vraie grandeur. Il n'est point certes de la race des contemplateurs qui ne sont pas descendus dans la vie, maîtres au front serein qui n'ont eu ni siècle, ni patrie, ni famille même. Mais lui, on ne le peut séparer des passions de son temps; elles l'avaient fait et il en a fait plusieurs. L'avenir peut-être ne lui tiendra pas compte de ses entêtements héroïques et ce seront, sans doute, les épisodes de ses livres qui en immortaliseront les titres avec le nom des causes qu'ils défendaient.

Ainsi, tout seul, devisant en moi-même, je restais accoudé, savourant la nuit douce et me trempant avec plaisir dans l'air froid du matin qui rafraîchissait mes paupières. Petit à petit, le jour venait; la chandelle allongeait sa mèche noire dans sa flamme pâlissante. Le pignon des halles a paru au loin. un coq a chanté; l'orage avait fui; quelques gouttes d'eau cependant tombées sur la poussière de la rue y faisaient de grosses taches rondes. Comme je m'assoupissais de fatigue, je me suis recouché et j'ai dormi.

Nous nous en allâmes fort tristes de Combourg; et puis la fin de notre voyage approchait. Bientôt allait finir cette fantaisie vagabonde que nous menions depuis trois mois avec tant de douceur. Le retour aussi, comme le départ, a ses tristesses anticipées qui vous envoient par avance la fade exhalaison de la vie qu'on traîne.

. . . .

NOVEMBRE [1]

1. Extrait d'un roman sous forme autobiographique (1842).

I

..... Quelquefois, n'en pouvant plus, dévoré de passions sans bornes, plein de la lave ardente qui coulait de mon âme, aimant d'un amour furieux des choses sans nom, regrettant des rêves magnifiques, tenté par toutes les voluptés de la pensée, aspirant à moi toutes les poésies, toutes les harmonies, et écrasé sous le poids de mon cœur et de mon orgueil, je tombais anéanti dans un abîme de douleurs. Le sang me fouettait la figure, mes artères m'étourdissaient, ma poitrine semblait se rompre. Je ne voyais plus rien, je ne sentais plus rien, j'étais ivre, j'étais fou. Je m'imaginais être grand ; je m'imaginais contenir une incarnation suprême dont la révélation eût effrayé le monde, et ces déchirements, c'était la vie même du dieu que je portais dans mes entrailles.

A ce dieu magnifique j'ai immolé toutes les heures de ma jeunesse. J'avais fait de moi-même un temple pour renfermer quelque chose de divin. Le temple est resté vide ; l'ortie a poussé entre les pierres, les piliers s'écroulent, voilà les hiboux qui y font leurs nids !

N'usant point de l'existence, l'existence m'usait. Mes rêves me fatiguaient plus que de grands travaux ; une création entière, immobile, irrévélée à elle-même, vivait sourdement sous ma vie. J'étais un chaos dormant de mille principes féconds qui ne savaient comment se manifester, ni que faire d'eux-mêmes. Ils cherchaient leur forme et attendaient leur moule.

J'étais, dans la variété de mon être, comme une immense forêt de l'Inde où la vie palpite dans chaque atome et apparaît monstrueuse ou adorable sous chaque rayon de soleil. L'air est rempli de parfums et de poisons ; les tigres bondissent, les éléphants marchent fièrement comme des pagodes vivantes, les serpents se tapissent sous les bambous; les dieux mystérieux et difformes sont cachés dans le creux des cavernes, parmi de grands monceaux d'or, et au milieu coule le large fleuve, avec ses crocodiles béants qui font claquer leurs écailles dans les lotus du rivage, et ses îles de fleurs que le courant entraîne avec des troncs et des cadavres verdis par la peste.

J'aimais pourtant la vie, mais la vie expansive, radieuse, rayonnante; je l'aimais dans le galop furieux des coursiers, dans le scintillement des étoiles, dans le mouvement des vagues qui courent vers la plage; je l'aimais dans le battement des belles poitrines nues, dans le tremblement des regards amoureux, dans la vibration des cordes du violon, dans le frémissement des chênes, dans le soleil couchant qui dore les vitres et fait penser aux balcons de Babylone où les reines se tenaient accoudées et regardaient l'Asie!

. . . .

II

. . . . . Il pleuvait. J'écoutais le bruit de la pluie et Marie dormir. Les lumières, près de s'éteindre, pétillaient dans les bobèches de cristal. L'aube parut. Une ligne jaune saillit dans le ciel, s'allongea horizontalement et, prenant de plus en plus des teintes dorées et vineuses, envoya dans l'appartement une faible lueur blanchâtre irisée de violet qui se jouait encore avec la nuit et avec l'éclat des bougies expirantes reflétées dans la glace.

Marie, étendue, avait certaines parties du corps dans la lumière, d'autres dans l'ombre. Elle s'était dérangée un peu; sa tête était plus basse que ses seins; le bras droit, le bras du bracelet, pendait hors du lit et touchait presque le plancher. Il y avait sur la table de nuit un bouquet de violettes dans un verre d'eau. J'étendis la main, je le pris, je cassai le fil avec mes doigts, et je les respirai. La chaleur de la chambre sans doute, ou bien le long temps depuis qu'elles étaient cueillies, les avait fanées. Je leur trouvai une odeur exquise et toute particulière. Je humai un à un leur parfum. Comme elles étaient humides, je me les appliquai sur les yeux pour me rafraîchir, car mon sang bouillait, et mes membres fatigués ressentaient comme une brûlure au contact des draps. Alors, ne sachant que faire, et ne voulant pas l'éveiller, car j'éprouvais un étrange plaisir à la voir dormir, je mis doucement toutes les violettes sur la gorge de Marie ; bientôt elle en fut toute couverte, et les belles fleurs fanées sous lesquelles elle dormait la symbolisèrent à mon esprit. Comme elles, en effet, malgré leur fraîcheur enlevée, à cause de cela peut-être, elle m'envoyait un parfum plus âcre et plus irritant. Le malheur qui avait dû passer dessus la rendait plus belle de l'amertume que sa bouche conservait même dans le sommeil, belle des deux rides qu'elle avait derrière le cou et que le jour, sans doute, elle cachait sous ses cheveux. A voir cette femme si triste dans la volupté et dont les étreintes mêmes avaient une joie lugubre, je devinais mille passions terribles qui l'avaient dû illuminer comme la foudre.

A ce moment-là elle frissonna ; toutes les violettes tombèrent. Elle sourit, les yeux encore à demi fermés, en même temps qu'elle étendait ses bras autour de mon cou et m'embrassait d'un long baiser du matin, d'un baiser de colombe qui s'éveille.

. . . .

III

..... Bientôt on me connut. Ce fut à qui m'aurait. Mes amants faisaient mille folies pour me plaire. Tous les soirs je lisais les billets doux de la journée, pour y trouver l'expression nouvelle de quelque cœur autrement moulé que les autres et fait pour moi. Mais tous se ressemblaient. Je savais d'avance la fin de leurs phrases et la manière dont ils allaient tomber à genoux. Il y en a deux que j'ai repoussés par caprice et qui se sont tués. Leur mort ne m'a point touchée. Pourquoi mourir? Que n'ont-ils plutôt tout franchi pour m'avoir! Si j'aimais un homme, moi, il n'y aurait pas de mers assez larges ni de montagnes assez hautes pour m'empêcher d'arriver jusqu'à lui. Comme je me serais bien entendue, si j'avais été homme, à corrompre des gardiens, à monter la nuit aux fenêtres, et à étouffer sous ma bouche les cris de ma victime!

Trompée, chaque matin, de l'espoir que j'avais eu la veille, je les chassais avec colère et j'en prenais d'autres. L'uniformité du plaisir me désespérait et je courais à sa poursuite avec une frénésie toujours altérée de jouissances nouvelles et magnifiquement rêvées, semblable aux marins en détresse qui boivent de l'eau de mer et ne peuvent s'empêcher d'en boire, tant la soif les brûle!

Dandys et rustauds, j'ai voulu voir si tous étaient de même. J'ai goûté la passion des hommes aux mains blanches et grasses, aux cheveux teints et collés sur les tempes, j'ai eu de pâles adolescents, blonds, efféminés comme des filles, qui se mouraient sur moi. Les vieillards aussi m'ont salie de leurs joues décrépites, et j'ai comtemplé au réveil leur poitrine oppressée et leurs yeux sans flamme. Sur un banc de bois, dans un cabaret de village, entre un pot de vin et une pipe de tabac, l'homme du peuple, encore, m'a embrassée avec violence. Je me suis fait comme lui une joie épaisse et des allures faciles. Mais la canaille ne fait pas mieux l'amour que la noblesse, et la botte de paille n'est pas plus chaude que les sophas. Pour les rendre plus ardents, je me suis dévouée à quelques-uns comme une esclave, et ils ne m'en aimaient pas davantage. J'ai eu pour des sots des bassesses infâmes et, en échange, ils me haïssaient, ils me méprisaient, alors que j'aurais voulu leur centupler mes caresses et les inonder de bonheur. Espérant enfin que les gens difformes pouvaient mieux aimer que les autres, et que les natures rachitiques se raccrocheraient à la vie par la volupté, je me suis donnée à des bossus, à des nègres, à des nains; je leur fis des nuits à rendre jaloux des millionnaires; mais je les épouvantais peut-être, car ils me quittaient vite. Ni les pauvres ni les riches, ni les beaux ni les laids n'ont pu assouvir l'amour que je leur demandais à remplir. Tous, faibles, languissants comme dans l'ennui, avortons conçus par des paralytiques que la vie énerve, que la femme tue, craignant de mourir dans des draps comme on meurt à la guerre, il n'en est pas un que je n'aie vu lassé dès la première heure !

Il n'y a donc plus sur la terre de ces jeunesses divines d'autrefois! Plus de Bacchus, plus d'Apollons! Plus de ces héros qui marchaient couronnés de pampres et de lauriers!

. . . .

CHANT DE LA MORT

LE CHANT DE LA MORT

I

La nuit, l'hiver, quand la neige tombe lentement comme des larmes blanches du ciel, c'est ma voix qui chante dans l'air et fait germer les cyprès en passant dans leur feuillage.

Alors je m'arrête un instant dans ma course, je m'assieds sur les tombes froides, et tandis que les oiseaux noirs voltigent à mes côtés, tandis que les morts sont endormis, tandis que les arbres se penchent, tandis que tout pleure ou tout sommeille, mes yeux brûlés regardent les nuages blancs qui se déploient et s'allongent au ciel comme des linceuls qu'on étendrait sur des géants.

Oh! combien de nuits, de siècles et d'années se sont ainsi passés! J'ai tout vu naître et j'ai tout vu périr!

A peine si je compte les brèches que chaque génération apporte sur ma faux. Je suis éternelle comme Dieu, je suis la nourrice du monde qui l'endort chaque soir dans une couche chérie. Toujours mêmes fêtes et même travail. Chaque matin je pars, et chaque soir je reviens, tenant dans un pan de mon linceul toute l'herbe que j'ai fauchée, et puis je la jette aux vents!

II

Quand les vagues montent, que le vent crie, que le ciel éclate en sanglots et que l'Océan, comme un fou, se met en colère, alors, quand tout tourbillonne et hurle, je m'étends sur ces flots écumeux, et la tempête me berce mollement comme une reine dans son hamac. L'eau de la mer rafraîchit pour quelques jours mes pieds brûlés par les larmes des générations passées qui s'y sont cramponnées pour m'arrêter.

Et puis, quand je veux que tout cesse, quand cette colère commence à m'endormir comme des chants, d'un coup de tête je l'apaise, et la tempête si superbe, si grande, n'est plus, comme les hommes, les flottes et les armées qu'elles remuait sur son sein !

. . . .

Qu'ai-je aimé de tout ce que j'ai vu, trônes, peuples, amours, gloires, deuils et vertus? Rien que mon linceul qui me couvre.

III

Et mon cheval! mon cheval, oh! comme je t'aime aussi !

Comme tu cours sur le monde, comme ton sabot d'acier retentit bien sur les têtes que tu broies dans ton galop, ô mon cheval !

Ta crinière est droite et hérissée, les yeux flamboient et les crins plient sur ton cou quand le vent nous emporte tous deux dans notre course sans limites. Jamais tu ne te fatigues; pas de repos, pas de sommeil pour nous deux.

Tes hennissements, c'est la guerre, les naseaux qui fument, c'est la peste qui s'abat comme un brouillard.

Et puis, quand je lance mes flèches, tu abats

si bien avec ton poitrail les pyramides et les empires, et ton sabot si bien les casse, les couronnes !

Comme on te respecte, comme on t'adore ! Les papes pour t'implorer te jettent leur tiare ; les rois, leur sceptre ; les peuples, leurs malheurs ; les poètes, leur renommée ; et tout cela tremble et s'agenouille, et tu galopes, tu bondis, tu marches sur les têtes prosternées.

. . . . . . O mon cheval ! toi, tu es le seul don que m'ait fait le ciel ; tu as le jarret de fer, la tête de bronze ; tu cours tout un siècle, comme s'il y avait des aigles dans les plis de tes cuisses ; et puis, quand tu as faim, tous les mille ans, tu manges de la chair et tu bois des larmes. O mon cheval ! je t'aime comme la mort peut aimer.

. . . .

IV

Il y a si longtemps que je vis ! J'ai tout vu. Oh ! que je sais de choses ! que je renferme de mystères et de mondes à moi !

Parfois, quand j'ai bien fauché, bien couru

sur mon cheval, quand j'ai bien éparpillé mes traits, la lassitude me prend et je m'arrête.

Mais il faut recommencer, reprendre la course infinie qui parcourt les espaces et les mondes. C'est moi qui emporte les croyances avec les gloires, les amours avec les crimes, tout, tout. Je déchire moi-même mon linceul, et une faim atroce me torture sans cesse, comme si un serpent éternel me mordait les entrailles.

Et si je jette les yeux derrière moi, je vois la fumée de l'incendie, la nuit du jour, l'agonie de la vie. Je vois les tombes qui sont sorties de mes mains et le champ du passé si plein de néant. Alors je m'asseois, je repose mes reins si fatigués, ma tête si lourde, mes pieds si las, et je regarde dans un horizon rouge, immense, sans bornes, qui s'enfonce toujours et s'élargit sans cesse. Je le dévorerai comme les autres.

Quand donc, ô Dieu! dormirai-je à mon tour? Quand cesseras-tu de créer? Quand pourrai-je, comme un fossoyeur, m'étendre dans mes tombes et me laisser balancer ainsi sur le monde au dernier souffle, au dernier râle de la nature mourante aussi?

Alors, je jetterai mes flèches et mon linceul,

je laisserai partir mon coursier qui paîtra sur l'herbe des pyramides, qui se couchera dans les palais des empereurs, qui boira la dernière goutte d'eau de l'Océan et qui humera la dernière vapeur du sang! Il pourra tout le jour, toute la nuit, pendant tous les siècles, errer au gré de son caprice, franchir d'un saut depuis l'Atlas jusqu'à l'Himalaya, courir dans son orgueilleuse paresse depuis le ciel jusqu'à la terre, s'amuser à troubler la poussière des empires écroulés, galoper dans les plaines de l'Océan desséché, bondir sur la cendre des grandes villes, aspirer le néant à pleine poitrine, s'y étaler, et y ruer à l'aise.

Puis, lassé peut-être aussi comme moi, cherchant un précipice où te jeter, tu voudras, haletant, t'abattre au bout de ta course, devant la mer de l'infini, et là, l'écume à la bouche, le cou tendu, les naseaux vers l'horizon, tu imploreras comme moi un sommeil éternel où tes pieds en feu puissent se reposer, un lit de feuilles vertes où tes paupières calcinées puissent se clore; et attendant immobile sur le rivage, tu demanderas quelque chose de plus fort que toi pour te broyer d'un seul coup, tu demanderas d'aller rejoindre la tempête apaisée, la fleur fanée, le cadavre pourri. Tu demanderas le sommeil, car l'éternité est un supplice, et le néant se dévore.

Oh! pourquoi sommes-nous venus ici? Quel ouragan nous a jetés dans l'abîme, quel ouragan nous rapportera vers les mondes inconnus d'où nous venons?

Mais avant, ô mon bon coursier, tu peux courir encore, tu peux flatter ton oreille du bruit des choses que tu broies. Ta course est longue: du courage! Longtemps tu m'as portée; un plus long temps se passera, et nous deux nous ne vieillissons pas. Les étoiles pâlissent, les montagnes s'affaissent, la terre s'use sur ses axes de diamant: nous deux seuls nous sommes éternels, le néant vivra toujours!

Aujourd'hui tu peux te coucher à mes pieds, polir tes dents sur la mousse des tombeaux, car Satan m'abandonne, et un pouvoir dont je ne connais pas la force m'enchaîne à sa volonté. Les morts vont se réveiller.

C'est un spectacle de Dieu et qui me rappellera ma jeunesse, ma journée d'hier et ma journée de demain.

V.

Satan, je t'aime ! Toi seul tu comprends peut-être mes joies et mes délires. Mais, plus heureux, un jour quand le monde ne sera plus, tu pourras te reposer comme lui et dormir dans le vide.

Et moi qui ai tant vécu, tant travaillé, qui n'ai eu que de chastes amours et d'austères pensées, il faudra durer. L'homme a le tombeau, la gloire a l'oubli, le jour se repose dans la nuit, mais moi !

Et je suis seule dans ma route parsemée d'ossements, bordée de ruines ! Les anges ont leurs frères, les démons aussi ont leurs compagnes d'enfer ; mais moi, toujours le même bruit de ma faux qui coupe, de mes flèches qui sifflent, de mon cheval qui galope. Toujours l'écho de la même vague qui vient mordre le monde !

SATAN.

Tu te plains, la plus heureuse des créatures du ciel ! La seule qui soit grande, belle, immuable, éternelle comme Dieu, la seule qui puisse l'égaler, ô toi ! qui un jour l'abattras à son tour, quand tu auras terrassé l'univers sous les pieds de ton cheval !

Et alors, quand Dieu ne sera plus, quand le firmament s'échappera de tous côtés, que les étoiles courront éperdues, que les âmes, sorties de leur séjour, erreront dans l'abîme, s'entrechoqueront, se briseront avec des soupirs et des sanglots; alors, pour toi, que de délices! Tu iras siéger sur le trône éternel du ciel et de l'enfer! Tu pourras renverser toutes les planètes, tous les astres, tous les ciels, tous les mondes; tu pourras lâcher ton cheval dans les prairies d'émeraudes et de diamants; tu pourras lui faire une litière avec les ailes que tu auras arrachées aux anges et le couvrir de la robe azurée du Christ! Tu pourras broder ta selle avec toutes les étoiles de l'empyrée, et puis tu le tueras! Et quand tu auras tout brisé, qu'il n'y aura plus qu'un grand vide, que tu auras déchiré ton cercueil, cassé tes flèches, alors tu te feras une couronne de pierre avec la plus haute montagne du ciel, et tu te lanceras dans l'abîme! Ta chute, dût-elle durer un million de siècles, tu mourras. Car le monde doit finir, tout, excepté moi! Je serai plus immortel que Dieu! Je dois vivre pour former le chaos d'autres mondes.

LA MORT.

Tu n'as pas comme moi ce vide et ce froid de mort qui me glace.

SATAN.

Non, mais c'est une fièvre ardente et sans relâche ; c'est une lave qui brûle les autres et qui me leurre.

Toi, au moins, tu n'as qu'à abattre. Mais moi je fais naître et je fais vivre. Je dirige les empires, je domine dans les affaires de l'État et du cœur.....

..... Il faut que je sois partout. Je fais résonner l'argent, briller les diamants, retentir les noms. Je chuchote aux femmes, aux poètes, aux ministres, des mots d'amour, de gloire, d'ambition. A la fois je suis chez Messaline et chez Néron, à Paris, à Babylone. Si on découvre une île j'y saute le premier, un roc perdu dans les mers, j'y suis avant les deux hommes qui s'y entre-égorgeront pour se le disputer. En même temps je m'étale sur le sopha usé de la courtisane et sur la litière parfumée des empereurs. La haine, l'envie, l'orgueil, la colère, tout cela sort à la fois de mes lèvres. La nuit et le jour je travaille. Tandis qu'on brûle les chrétiens, je me vautre avec la volupté dans les bains de rose, je cours sur les chars, je me désespère dans la misère, je rugis dans l'orgueil.

Enfin j'ai fini par croire que j'étais le monde et que tout ce que je voyais se passait en moi.

Parfois je suis fatigué, je deviens fou, je perds mon bon sens et je fais des sottises à faire rire de pitié le dernier de mes démons.

Et moi non plus personne ne m'aime, ni le ciel dont je suis le fils, ni l'enfer dont je suis le maître, ni la terre dont je suis le dieu ! Toujours des convulsions, de la rage, du sang, de la frénésie ! Jamais non plus mes yeux n'ont de sommeil, jamais mon âme n'a de repos. Toi, au moins, tu peux reposer ta tête sur la fraîcheur des tombeaux. Mais moi j'ai la clarté des palais, les sombres malédictions de la faim et la fumée des crimes qui montent au ciel.

Ah ! je suis châtié par le Dieu que je hais. Mais je sens que j'ai l'âme plus large que sa colère, je sens qu'un de mes soupirs pourrait aspirer le monde tout entier et le faire passer dans ma poitrine, où il brûlerait comme je brûle.

Quand donc, Seigneur, ta trompette sonnera-t-elle ? Il me semble qu'une large harmonie planera alors sur les collines et les océans ; car je souffrirai avec toute l'humanité ; les cris et les sanglots apaiseront le bruit des miens!

. . . .

... Une cohorte de squelettes montés sur des chars s'avançait en courant avec de grands cris de joie et des éclats de triomphe. Derrière eux pendaient des armes brisées, des couronnes de laurier dont les feuilles jaunies et desséchées s'en allaient rapidement avec la poussière et les vents.

« Tiens ! voilà Rome, l'éternelle, qui marche en triomphe, dit Satan. Son Colisée et son Capitole sont deux grains de sable qui lui ont servi de piédestal, mais la mort a fauché dans le bas et la statue est tombée.

« Écoute ! En tête est Néron, ce fils chéri de mon cœur, le plus grand poëte que la terre ait eu. »

. . . .

Néron courait sur un char traîné par douze squelettes de chevaux. Le sceptre dans ses mains, il frappait leur croupe osseuse. Debout, son linceul ondulait et flottait en larges plis. Il tournait aussi dans la carrière, des cris à la bouche et les yeux en feu :

« Vite ! vite ! Plus vite encore ! Je veux que

vos pieds brûlent le sable, que vos naseaux jettent une écume à blanchir vos poitrails. Eh quoi, les roues ne fument pas encore? Entendez-vous les fanfares qui résonnent jusqu'à Ostie, les battements de mains du peuple, les cris de joie? Tenez! voilà le safran qu'on jette à pleines mains et qui tombe dans mes cheveux; voilà le sable déjà mouillé de parfums. Oh! comme mon char roule bien, comme vos cous s'allongent sous vos rênes dorées! Allons, plus vite! La poussière roule, mon manteau flotte, le vent parle et crie : triomphe, triomphe! Allons, plus vite, plus vite! Voilà qu'on applaudit, qu'on trépigne, qu'on s'agite. C'est Jupiter qui va dans le ciel! Vite, vite! encore plus vite! »

Et son char semblait traîné par des démons; une vapeur noire et de la poussière de sang se mêlaient dans l'espace; sa course vagabonde cassait les tombes et les cadavres réveillés, qui se pliaient en deux sous les roues de son char.
Il descendit.

« Maintenant que six cents de mes femmes exécutent en silence des danses de Grèce, pendant que je me baignerai au milieu des roses, dans ma baignoire de porphyre. Et puis elles viendront toutes avec moi, oui, toutes, toutes!

« Je les veux nues, sans diamants, sans parfums; je veux qu'elles forment un cercle en dansant, qu'elles s'entrelacent, et que de tous côtés on voie leurs croupes d'albâtre passer et repasser et se plier mollement, comme, le soir, les roseaux de l'Inde, dans l'eau amoureuse d'une mer parfumée!

« Et je donnerai l'empire, les mers, le sénat, l'Olympe, le Capitole, à celle qui m'aimera le mieux, à celle dont je sentirai le cœur battre sous le mien, à celle qui saura le mieux laisser pendre ses cheveux, me sourire et m'entourer de ses bras, à celle qui saura mieux m'endormir de ses chants d'amour et puis me réveiller par des transports de feu, par des convulsions inouïes et des morsures voluptueuses. Je veux que Rome se taise cette nuit, que le bruit d'aucune barque ne trouble les eaux du Tibre; car j'aime à voir la lune se mirer dans ses ondes et à entendre les voix de femme y résonner; je veux qu'à travers mes draperies passent des vents embaumés; ah! je veux mourir d'amour, de volupté, d'ivresse!

« Et tandis que je mangerai des mets que moi

seul mange, et qu'on chantera, et que des filles découvertes jusqu'à la ceinture me serviront des plats d'or et se pencheront pour me voir, on égorgera quelqu'un ; car j'aime, et c'est un plaisir de Dieu, à mêler les parfums du sang à ceux des viandes, et ces voix de la mort m'assoupiront à table.

« Cette nuit je brûlerai Rome. Cela éclairera le ciel, et le fleuve roulera des flots de feu.....

« ..... Plus tard, je veux faire un plancher d'aloès sur la mer d'Italie, et tout Rome viendra y chanter. Les voiles seront de pourpre, j'aurai un lit de plumes d'aigles et j'y tiendrai dans mes bras, à la vue du monde entier, la plus belle femme de l'empire, et on applaudira de voir les jouissances d'un dieu. Alors la tempête grondera en vain sous moi ; j'étoufferai sa colère sous mes pieds et le bruit de mes baisers apaisera celui des vagues.

« . . . . Eh quoi? Vindex se révolte, mes légions m'abandonnent, mes femmes fuient effrayées dans les galeries? Tout pleure et se tait ; le tonnerre seul fait entendre sa voix. Est-ce que je vais mourir?

LA MORT.

A l'instant !

NÉRON.

E il faudra abandonner mes nuits pleines de voluptés, mes jours remplis de festins, de délices, de spectacles, mes triomphes, mes chars et la foule ?

LA MORT.

Tout, tout !

SATAN.

Hâte-toi, maître du monde ! On va venir, on va t'égorger. Que l'empereur sache mourir !

NÉRON.

Mourir ! A peine ai-je vécu ! Oh ! comme j'accomplirais de grandes choses, à faire trembler l'Olympe ! Je finirais par combler l'Océan et me promènerais dessus en quadrige triomphal. J'ai encore envie de vivre, j'ai besoin encore de voir le soleil, le Tibre, les campagnes, le cirque au sable d'or ! Ah ! je veux vivre !

LA MORT.

Je te donnerai un drap dans la tombe, un lit éternel plus doux et plus tranquille que les coussins d'empereur.

NÉRON.

Oui, je suis bien lent à mourir!

LA MORT.

Eh bien, meurs!

Et elle l'emporte dans les plis de son linceul qu'elle secoue sur la terre.

. . . .

SMARH

SMARH

Ce fragment est tiré du prologue. Satan, après avoir été terrassé sous les pieds de l'archange Michel, se relève vainqueur et jette des cris de triomphe.

Merci, vous tous qui m'avez secondé! Honneur à la vanité qui s'appelle grandeur et qui m'a livré les poëtes, les femmes, les rois.

Honneur à la colère ivre qui casse et qui tue. Honneur à la jalousie, à la ruse, à la luxure qui s'appelle amour, à la chair qui s'appelle âme. Honneur à cette belle chose qui tient un homme par ses organes et le fait pâmer d'aise! Grandeur humaine!

Vive l'enfer! A moi le monde jusqu'à sa dernière heure. Je l'ai élevé, jai été sa nourrice et sa mère, et je l'ai bercé dans ses jeunes ans. Comme il m'a aimé! comme il m'a pris!

Et moi, de quel ardent amour je lui ai imposé mes baisers de feu !

Je veillerai jusqu'à sa dernière heure sur ses jours. Je lui fermerai les yeux ; je me pencherai sur sa bouche pour recueillir son dernier râle et pour voir si sa dernière pensée te bénira, Créateur.

. . . .

. . . .

Le soir. — En Orient. — Dans l'Asie Mineure. — Un vallon avec une cabane d'ermite. — Non loin une petite chapelle.

UN ERMITE.

Allez, mes chers enfants, rentrez chez vous avec la paix du Seigneur. L'homme de Dieu vient de vous bénir et de vous purifier. Puisse sa bénédiction être éternelle et sa purification ne jamais s'effacer ! Allez, ne m'oubliez pas dans vos prières, je penserai à vous dans les miennes.

(Après avoir congédié ses fidèles.)

Je les aime tous ces hommes et mon cœur s'épanouit quand je leur parle de Dieu. Ces femmes me semblent des sœurs, des anges. Et ces petits enfants, comme je les embrasse avec plaisir !

O merci, mon Dieu, de m'avoir fait une âme si douce comme la vôtre et capable d'aimer ! Heureux ceux qui aiment.

Quand j'ai jeûné longtemps, quand j'ai orné de fleurs cueillies sur les vallées ton autel, quand j'ai longtemps prié à genoux, longtemps regardé le ciel en pensant au paradis, que j'ai consolé ceux qui viennent, moi il me semble que mon cœur est large, que cet amour est une force et qu'il créerait quelque chose.

Je suis content dans cette retraite, j'aime à voir la rivière serpenter au bas de la vallée, à voir l'oiseau étendre ses ailes et le soleil se coucher lentement avec ses teintes roses.

Cette nuit sera belle, les étoiles sont de diamant, la lune resplendit sur l'azur. J'admire cela avec amour et quand je pense aux biens de l'autre vie, mon âme se fond en extases et en rêveries.

. . . .
. . . .

La nuit. — La lune et les étoiles brillent. Silence des champs.

SMARH, seul.

(Il sort de sa cellule et marche.)

Quelle est donc cette science qu'on m'a promise? où la trouve-t-on? de qui la recevrai-je? par quels chemins mène-t-elle et où mène-t-elle, et, au terme de la route, où est-on? Tout cela, hélas! est un chaos pour moi, et je n'y vois rien que des ténèbres.

Où irai-je? Je ne sais, mais j'ai un désir d'apprendre, d'aller, de voir. Tout ce que je sais me semble petit et mesquin; des besoins inaccoutumés s'élèvent dans mon cœur. Si j'allais apprendre l'infini, si j'allais vous connaître, ô monde sur lequel je marche; si j'allais vous voir, ô Dieu que j'adore!

Qu'est-ce donc? ma pensée se perd dans cet abîme.

Est-ce que je n'étais pas heureux à vivre ainsi saintement, à prier Dieu, à secourir les hommes? Pourquoi me faut-il quelque chose de plus?

L'homme est donc fait pour apprendre, puisqu'il en a le désir ?

Je n'ai que faire de ce que tous les hommes savent, je méprise leurs livres, témoignage de leurs erreurs.

C'est une science divine qu'il me faut, quelque chose qui m'élève au-dessus des hommes et me rapproche de Dieu.

Oh ! mon cœur se gonfle, mon âme s'ouvre, ma tête se perd ; je sens que je vais changer ; je vais peut-être mourir, c'est peut-être là le commencement d'éternité bienheureuse promise aux saints.

Un siècle s'est écoulé depuis que je pense, et déjà depuis que cet inconnu m'a parlé, je me sens plus grand ; mon âme s'élargit peu à peu comme l'horizon quand on marche, je sens que la création entière peut y entrer.

. . . .

Où est donc l'être inconnu qui m'a bouleversé l'âme ?

. . . .

. . . .

SATAN, SMARH.

SATAN.

Me voilà, j'avais promis de revenir et je reviens.

SMARH.

Pourquoi faire?

SATAN.

Pour vous, mon maître.

SMARH.

Pour moi? et que voulez-vous faire de moi?

SATAN.

Ne vouliez-vous pas connaître la science?

SMARH.

Quelle science?

SATAN.

Mais il n'y en a qu'une, c'est la science, la vraie science.

SMARH.

Comment l'appelle-t-on donc?

SATAN.

C'est la science.

SMARH.

Je ne la connais pas; où la trouve-t-on?

SATAN.

Dans l'infini.

SMARH.

L'infini, c'est donc elle?

SATAN.

Et celui qui connaît, sait tout.

SMARH.

Mais il n'y a que Dieu.

SATAN.

Dieu? qu'est-ce?

SMARH.

Dieu, c'est Dieu.

SATAN.

Non, Dieu c'est cet infini, c'est cette science

SMARH.

Dieu, c'est donc tout?

SATAN.

Arrête, tu déraisonnes, ton esprit encore borné ne peut monter plus haut: tu es comme les autres hommes, le monde est plus haut que ton intelligence; c'est ton front trop élevé pour ton bras d'enfant. Tu te tuerais en voulant l'atteindre. Il te faut quelqu'un qui te monte à la hauteur de toutes ces choses. Ce sera moi.

SMARH.

Et que m'enseigneras-tu donc?

SATAN.

Tout.

SMARH.

Viens donc.

(Dans les airs).

SATAN et SMARH.

(Planant dans l'infini.)

SMARH.

Depuis longtemps nous montons, ma tête tourne, il me semble que je vais tomber.

SATAN.

Tu as donc peur ?

SMARH.

Aucun homme n'arriva jamais si haut; mon corps n'en peut plus. Le vertige me prend, soutiens-moi.

SATAN.

Rapproche-toi plus près de moi, viens, cramponne-toi à mes pieds, si tu as peur.

SMARH.

Étrange spectacle, voilà le globe qui est là devant moi et je l'embrasse d'un coup d'œil; la terre me semble entourée d'une auréole bleue et les étoiles fixées sur un fond noir. . . .

. . . .

SMARH.

Oh! grâce, grâce! assez, assez, je tremble, j'ai peur; il me semble que cette voûte va s'écrouler sur moi, que l'infini va me manger, que je vais m'anéantir aussitôt.

. . . .

. . . .

Les oiseaux des nuits. Des vautours, des mouettes sortent des rochers et viennent planer à l'entour; de temps en temps ils s'abattent sur le rivage en troupe et vont tirer des varechs ou des débris dans la mer. Les vagues bondissent et leur bruit retentit dans les cavernes.

. . . .

L'écume saute sur les rochers à fleur d'eau, et quand le flot s'est retiré, un silence se fait. L'on n'entend plus que le clapotement toujours diminuant des derniers battements de la vague entre les grosses pierres, puis au loin un bruit sourd. — Les oiseaux de proie redoublent leurs cris déchirants.

SMARH.

O puissance de Dieu, que vous êtes grande!

Oui, la nature fait peur. . . . . . .
. . . .

Mais je voudrais voir le monde, car je ne sais rien de la vie.

SATAN.

Il est facile de tout apprendre. Je vais t'y conduire.

(Il appelle : Yuk, Yuk.)

(Yuk paraît.)

YUK.

Quoi?

SATAN.

On te demande ce que c'est que la vie.

YUK.

Qui cela? qui fait une pareille question?

(Satan lui désigne Smarh.)

Vraiment!

(Riant.)

La vie! Ah! par Dieu ou par le diable, c'est fort drôle, fort amusant, fort réjouissant, fort vrai. La farce est bonne, mais la comédie est longue. La vie, c'est un biscuit taché de vin, c'est une orgie où chacun se soûle, chante et a des nausées; c'est un verre brisé, c'est un tonneau de vin âcre, et celui qui le remue trop avant y trouve souvent bien de la lie et de la boue.

. . . .

Eh! bien, oui, nous allons gravir sur quelque hauteur d'où nous aurons un beau coup d'œil. Je puis, par Dieu, vous accompagner, car le Dieu du grotesque est un bon interprète pour expliquer le monde.

Smarh, Satan et Yuk, parcourent le monde. Ils rencontrent un malheureux. Satan l'excite à tuer Yuk pour s'emparer de son riche pourpoint. Le pauvre fasciné se rue sur Yuk qui tombe à terre percé de coups.

SATAN.

Holà, la police! un homme d'assassiné; prends-moi ce gueux-là.

(*Mais Yuk se relève.*)

YUK

Vous croyiez vraiment que j'étais mort? Oh!

par Dieu, il n'y aurait plus de monde ni de création le jour où je cesserais de vivre. Moi, mourir! ce serait drôle! Est-ce que je ne suis pas aussi éternel que l'éternité?

Moi, mourir! mais je renais de la mort même; je renais avec la vie, car je vis même dans les tombeaux, dans les poussières.

Celui qui dira que je ne suis plus, mentira.

. . . .

. . . .

Comment concevez-vous l'idée d'un monde sans moi, sans que j'en occupe les trois quarts, sans que je ne les fasse vivre en entier?

(*Les gens du guet prennent le pauvre.*)

SATAN.

Tant mieux, ce drôle-là m'assommait; mais, au reste, il serait fâcheux de le faire mourir sitôt. Il faudra qu'il brûle sa prison, viole six religieuses et massacre une trentaine de personnes avant de rendre l'âme. . . . .

. . . .

Ils reprirent leur route et ils allèrent, par la nuit obscure, si loin qu'ils changèrent de monde et qu'ils arrivèrent au bord d'un beau fleuve. On entendait le bruit de l'eau dans les bambous dont les têtes ployaient sous le souffle du vent. Les ondes bleues roulaient éclairées par la lune qui se reflétait sur elles. Au ciel, les nuages l'entouraient et roulaient emportés en se déployant, et les eaux du fleuve aussi s'en allaient lentement entre des prairies toutes pleines de silence, de fleurs. Les flots étaient si calmes qu'on eût pris le courant pour quelque serpent monstrueux qui s'allongeait lentement sur les herbes pour aller mordre au loin l'Océan.

Cependant on voyait glisser dessus les ombres scintillantes des étoiles et les masses noires des nuages. Souvent aussi les deux ailes blanches des cygnes disparaissaient dans les joncs verts.

La nuit était chaude, limpide, toute vaporeuse, tout humide; elle était transparente et bleue comme si un grand feu d'étoile l'eût éclairée; c'était un horizon large et grand qui baisait au loin le ciel d'un baiser d'amour et de volupté.

Smarh se sentit revivre. Je ne sais quelle perception jusque-là inconnue de la nature entra dans son âme comme une faculté nouvelle, comme une jouissance intime et transparente au dedans de laquelle il voyait se mouvoir confusément des pensées riantes, des images tendres, vagues, indécises.....

Suivent de nombreuses apparitions de femmes. Smarh les repousse. Puis il est tenté par des tables chargées des mets les plus exquis, par des palais, des royaumes, la richesse, la jouissance sous toutes ses formes. Puis il veut du sang et prend part à de gigantesques combats. Enfin, las de tout, il arrive au bout du monde, au bord de l'Océan.

SMARH.

Qu'est-ce que le monde? Qu'il est petit! J'y étouffe! Élargis-moi cette terre, étends ces océans, agrandis-moi l'atmosphère où je vis. Est-ce là tout? Est-ce que la vie se borne là? J'ai dévoré le monde, je veux autre chose, l'éternité! l'éternité!

. . . .

..... Et il tâcha de faire un grand tas de toute la poussière qu'il avait faite. Il éleva une pyramide de têtes de morts séchées par les vents; il balaya avec des drapeaux déchirés le sang versé, et il le mit dans une fosse, et il répétait : Gloire! gloire! Mais tout croula vite. La poussière même s'envola, les ossements s'engloutirent; la terre but le sang, et il sentit une voix qui disait derrière lui :

LA MORT.

L'éternité, la gloire, l'immortalité! c'est moi!

Mais se leva lentement, et comme une ombre qui sort d'un tombeau, un long linceul tout pourri qui enveloppait un squelette avec des lambeaux de chair aussi verts que l'herbe des cimetières. Il avait une tête toute jaunie avec un vieux sourire froid de courtisane. — Son bâton était un sceptre doré qui portait un soc de charrue. Plein de colère, il s'écria :

Qui ose dire qu'il y a de l'immortalité !

YUK.

C'est moi qui l'ose.

LA VOIX.

Sais-tu qui je suis ? Vois donc mes pieds tout pleins de la poussière des empires, et la frange de mon manteau toute mouillée par les larmes des générations.

(Il secoua son linceul et il en tomba de la poussière rouge.)

C'est l'histoire (ajouta le spectre).

Ose dire qu'il y a immortalité sans moi !

YUK.

Pour moi.

LA MORT.

Qui donc es-tu ?

YUK.

Et toi ?

LA MORT.

La Mort... Et toi?

YUK.

Vois donc, ma tête va jusqu'aux nues, mes pieds remuent la cendre des tombeaux ; quand je parle, c'est le monde qui dit quelque chose, c'est le créateur qui crée, c'est la créature qui agit. Je suis le passé, le présent, le futur, le monde et l'éternité, cette vie et l'autre, le corps et l'âme. Tu peux abattre des pyramides et faire mourir des insectes, mais tu ne m'arracheras pas la moindre parcelle de quelque chose. Je me moque de tes jours de sépulcre, je me ris de ta faux...... Les fleurs, le sang, les sanglots, tout ce magnifique cortège dont tu te fais gloire ; les ruines, le passé, l'histoire, tous ces grains de sable qui forment ton trône, le monde qui est la roue sur qui tu tournes dans le temps, tout cela te dis-je, depuis les océans les plus larges jusqu'aux larmes d'un chien, depuis un trône jusqu'à un brin d'herbe, tout cela, ton domaine, ta gloire, ton royaume, que sais-je, enfin, tout ce que tu manges, tout ce que tu dévores, tout ce qui vit et qui meurt, tout ce qui est, commence pour finir, tout cela me fait pitié, tout cela me fait rire moi, et d'un rire plus fort que le bruit de ton pied quand il broie le monde d'un seul coup.

LA MORT.

Qui donc es-tu ?

YUK.

Eh quoi, ne m'as-tu donc jamais vu ? Aux funérailles des empereurs, n'était-ce pas moi qui étais couché sur le drap noir, qui conduisais les chevaux ? n'est-ce pas moi qui ai creusé les fosses, qui ai fait pourrir ensemble les cadavres des héros dans leurs mausolées de marbre, et les charognes de loups sur les feuilles des bois ? . . . .

. . . .

N'as-tu pas vu quelque chose de plus fort que le temps, quelque chose qui le mène, qui le pousse, le remplit et l'enivre ? N'as-tu pas vu une autre éternité dans l'éternité ? Tu crois donc que tout est fini quand tu as passé. . . . .

. . . .

LA MORT.

Qui donc es-tu ? parle, parle.

YUK.

Je suis le vrai, je suis l'éternel, je suis le bouffon, le grotesque, le laid, te dis-je. Je suis ce qui est, ce qui a été, ce qui sera. Je suis toute l'éternité à moi seul. Pardieu, tu me connais bien, plus d'une fois je t'ai baisée au visage et j'ai mordu tes os. Nous avons eu de bonnes nuits enveloppés tous deux dans ton linceul troué.

LA MORT.

C'est vrai, je t'avais oublié, ou du moins je voulais t'oublier, car tu me gênes, tu me tirailles, tu m'épuises, tu m'accables, tu veux avoir à toi seul tout ce que j'ai, et je crois qu'il ne me resterait plus qu'un seul fil de mon manteau, que tu me l'arracherais.

YUK.

C'est vrai, je suis un époux quelque peu tyrannique, mais je t'apporte chaque jour tant de choses que tu ne devrais pas te plaindre.

LA MORT.

C'est vrai, faisons bon ménage, car nous ne pouvons vivre l'un sans l'autre. Après tout, tu manges encore les miettes qui tombent de ma bouche et la poussière que font mes pieds.

Smarh finit par être précipité dans le néant. Satan verse une larme, mais Yuk se met à rire en se précipitant sur une femme qu'il étouffe sous son étreinte.

RABELAIS

RABELAIS

Jamais nom ne fut plus généralement cité que celui de Rabelais, et jamais peut-être avec plus d'injustice et d'ignorance. Ainsi, aux uns il apparaît comme un moine ivre et cynique, esprit désordonné et fantastique, aussi obscène qu'ingénieux, dangereux par l'idée, révoltant par l'expression. Pour les autres, c'est toute une philosophie pratique, douce, modérée, sceptique il est vrai, mais qui conduit après tout à bien vivre et à être honnête homme. Tour à tour il a donc été aimé, méprisé, méconnu, réhabilité ; et depuis que son prodigieux génie a jeté à la face du monde sa satire mordante et universelle qui s'échappe si franchement par le rire colossal de ses géants, chaque siècle a tourné sous tous les sens, interprété de mille façons cette longue énigme si triviale, si grossière, si joyeuse, mais au fond peut-être si profonde et si vraie.

Son œuvre est un fait historique ; elle a par elle-même une telle importance qu'elle se lie à chaque âge et en explique la pensée. Ainsi, d'abord au XVIe siècle, lorsqu'elle apparaît, c'est une révolte ouverte, c'est un pamphlet moral. Elle a toute l'importance de l'actualité, elle est dans le sens du mouvement, elle le dirige. Rabelais alors est un Luther dans son genre. Sa sphère, c'est le rire. Mais il le pousse si fort, qu'avec ce rire il démolit tout autant de choses que la colère du bonhomme de Wittemberg. Il le manie si bien, il le cisèle tellement dans sa vaste épopée, que ce rire-là est devenu terrible. C'est la statue du grotesque. Elle est éternelle comme le monde.

Au XVIIe siècle, Rabelais est le père de cette littérature naïve et franche de Molière et de Lafontaine. Tous trois immortels et bons génies, les plus vraiment français que nous ayons, jetant sur la pauvre nature humaine un demi-sourire de bonhomie et d'analyse, francs, libres, dégagés d'allures, hommes s'il en fut dans tout le sens du mot, tous trois insouciants des philosophes, des sectes, des religions, ils sont de la religion de l'homme, et celle-là, ils la connaissent. Ils l'ont retournée et analysée, disséquée, l'un dans des romans, avec de grosses obscénités, des rires, des blasphèmes; l'autre au théâtre, dans ce dialogue si habilement coupé, si savamment vrai, si naïvement sublime, plus philosophe avec son simple rire de Mascarille, avec le bon sens de Philinte ou la bile d'Alceste, que tous les philosophes depuis qu'il y en a ; et l'autre, enfin, avec ses fables pour les enfants, sa morale pour les hommes, avec son vers tout bonhomme et qui retombe sur l'autre vers, avec son mot, sa phrase, ce je ne sais quoi qui est le sublime, avec son sonnet cristallin, avec toutes ces perles de poésie qui lui font un si large et si resplendissant collier.

Mais déjà Rabelais est devenu le sujet d'étude, l'auteur favori de quelques rares esprits en dehors du mouvement général. Outre ceux que nous avons cités, La Bruyère le goûte et l'apprécie avec impartialité. Il n'est pas assez correct pour le goût scrupuleux de Boileau, pour la réserve et la pureté de Racine. Ce siècle prude, gouverné par Mme de Maintenon et si bien représenté dans l'anguleux et plat jardin de Versailles, avait déjà honte de cette littérature débraillée, bruyante, nue. Ce géant-là lui faisait peur. Il sentait bien qu'il se trouvait entre deux choses terribles pour lui : le XVI° siècle, qui avait donné Luther et Rabelais, et la Révolution, qui devait donner Mirabeau et Robespierre. Les démolisseurs de croyances avant, les démolisseurs de têtes après, deux abîmes au milieu desquels il se tenait guindé dans l'adoration de lui-même.

Au XVIII° siècle c'est encore pis. Les philosophes sont de bon ton et ils ne veulent pas de Rabelais. Le pauvre curé de Meudon se serait trouvé déplacé dans le salon des marquises *belles esprits* et dans les bureaux d'esprit de M°° du Deffant, ou de M°° Geoffrin. On ne comprenait pas cette verve de saillies, cet entrain, ce tourbillon, cette veine poétique palpitante d'inventions, d'aventures, de voyages, d'extravagances. Le petit goût musqué, réglé et froid du siècle avait horreur de ce qu'il nommait le dévergondage d'esprit. Il aimait mieux celui des mœurs. Voltaire, en effet, n'excuse Rabelais que parce qu'il s'est moqué de l'Église. Quant à son style, quant au roman, il ne l'entend guère, quoiqu'il prétende cependant en donner une clef. En résumé, il appelle son livre : « Un amas des plus grossières ordures qu'un moine ivre puisse vomir. »

Il devait en être ainsi. La gloire de Rabelais, sa valeur même, comme celle de tous les grands hommes, de tous les noms illustres, a été vivement et pendant longtemps disputée. Son génie est unique, exceptionnel, c'est peut-être le seul dans l'histoire des littératures du monde. Où lui trouverons-nous un rival? Et d'abord, dans l'antiquité, est-ce Pétrone, Apulée, avec leur art prémédité, mesuré, leurs contours purs, leur savante conception? Dans tout le moyen âge, sera-ce dans les cycles épiques du xii° siècle, dans les sotties, les moralités, les farces ? Non, certes ! et quoique cependant toute la partie matériellement comique de Rabelais appartienne à l'élément grotesque du moyen âge, nous ne lui trouvons de prédécesseur dans aucun document littéraire; et dans les temps modernes son imitateur le plus exact, Béroald de Verville, l'auteur de *l'Art de parvenir*, en est si loin, qu'on ne peut le comparer à son modèle. Sterne a voulu le reproduire, mais l'affectation qui perce si souvent et la sensibilité raffinée détruisent tout parallèle.

Non, Rabelais est unique parce qu'il est à lui

seul l'expression d'un siècle, d'une époque. Il a tout à la fois la signification littéraire, politique, morale et religieuse. Ces génies-là qui créent des littératures ou qui en ferment de vieilles, apparaissent de loin en loin, ils disent chacun leur mot, le mot de leur temps et puis s'en vont. Homère chante la vie guerrière, la jeunesse vaillante et belliqueuse du monde, la verte saison où les arbres poussent. A Virgile la civilisation est déjà vieille ; il est plein de larmes, de nuances, de sentiment, de délicatesses. Dante est sombre et rayonnant tout à la fois ; c'est le poète chrétien, le poète de la mort et de l'enfer, plein de mélancolie et d'espérances. Ailleurs, dans les sociétés vieillies, quand la satiété est venue à tous, que le doute a gagné tous les cœurs et que toutes les belles choses rêvées, toutes les illusions, toutes les utopies sont tombées feuille à feuille, arrachées par la réalité, la science, le raisonnement, l'analyse, que fait le poète? Il se recueille en lui-même ; il a de sublimes élans d'orgueil et des moments de poignant désespoir ; il chante toutes les agonies du cœur et tous les néants de la pensée. Alors, toutes les douleurs qui l'entourent, tous les sanglots qui éclatent, toutes les malédictions qui hurlent résonnent dans son âme que Dieu a faite vaste, sonore, immense, et en sortent par la voix du génie pour marquer éternellement dans l'histoire la place d'une société, d'une époque, pour écrire ses larmes, pour ciseler la mémoire de ses infortunes (de nos jours c'est Byron). C'est pour cela que le vrai poétique est plus vrai que le vrai historique et que les poètes enfin mentent moins que les historiens. Les grands écrivains sont donc dans le cercle des idées comme les capitales dans les royaumes. Ils reçoivent l'esprit de chaque province, de chaque individualité, y mêlent ce qui leur est personnel, original ; ils l'amalgament, ils l'arrangent, puis ils la rendent transformée dans l'art.

Quand Rabelais vint à naître, c'était l'année 1483, l'année de la mort de Louis XI. Luther allait venir. Le roi avait abattu la féodalité, le moine allait abattre la papauté, c'est-à-dire tout le moyen âge, le guerrier et le prêtre. Mais le peuple lassé de l'un et de l'autre n'en voulait plus. Il s'était aperçu que l'homme d'armes le mangeait, que le prêtre l'exploitait et le trompait de son côté. Longtemps il s'était contenté d'inscrire ses railleries sur la pierre des cathédrales, de faire des chansons contre le seigneur, de lâcher, comme dans le *Roman de la Rose*, quelque mot mordant sur le pouvoir ou la noblesse. Mais il fallait quelque chose de plus : une révolte, une réforme. Le symbole était vieux, et même dans le symbole le mystère, la poésie ; et c'était un besoin général de sortir des entraves, d'entrer dans une autre voie. Besoin de la science, même besoin dans la poésie, dans la philosophie. Dès 1473, une caricature représentant l'Église avec un corps de femme, des jambes de poule, des griffes de vautour, une queue de serpent, avait couru l'Europe entière. C'était l'époque de Commines, de Machiavel, de l'Arétin. La papauté avait eu Alexandre VI, elle avait Léon X qui ne valait guère mieux. L'orgie intellectuelle allait venir. Elle sera longue et finira avec du sang. Au xviii° siècle elle s'est renouvelée et a fini de même.

C'était donc au milieu de tels événements, dans une telle époque que vivait Rabelais. Ne nous étonnons plus alors si en présence de cette société toute chancelante sur ses bases, toute haletante de ses débauches, devant tant de choses démolies et devant tant de ruines, il se soit élevé un immense sarcasme sur ce passé hideux du moyen âge qui palpitait encore au xvi° siècle, et dont le xvi° siècle avait horreur lui-même.

. . . .

Ceux qui ont prétendu donner de Rabelais des clefs, voire des allégories à chaque mot, et traduire chaque lazzi, n'ont point, selon moi, compris le livre. La satire est générale, universelle, et non point personnelle ni locale. Une attention suivie dément vite cette vaine tentative.

Citerai-je tout ce que le xvi° siècle a fait dans ce sens-là et toute la boue qu'il a jetée sur le moyen âge dont il était sorti? Ainsi, sans même parler de l'Arioste, Falstaff, Sancho, Gargantua ne forment-il pas une trilogie grotesque qui couronne amèrement la vieille société?

Falstaff est à lui seul l'homme de l'Angleterre, le John Bull bouffi de bière forte et de jambon, gros, sensuel, se relevant d'entre les cadavres, tirant de sa gibecière un flacon de vieux vin d'Espagne. Ce n'est point le grotesque terrible d'Iago, ni l'immoralité raisonnée du Maure Hassan de Schiller. Sa seule passion c'est de s'aimer. Il la porte au plus haut degré ; elle est sublime. C'est l'égoïsme personnifié avec un certain fonds d'analyse et de scepticisme qu'il fait tourner à son profit.

Quant au pacifique Sancho Pança, monté sur son baudet, avec sa figure basanée et paresseuse, soufflant la nuit, dormant le jour, l'homme poltron, l'homme qui ne conçoit pas l'héroïsme, l'homme des proverbes, l'homme prosaïque par excellence, n'est-ce pas la raison criant de toutes ses forces à don Quichotte d'arrêter et de ne pas courir après les moulins à vent qu'il prend pour des géants? Le gentilhomme y court, mais il s'y casse le bras, s'y meurtrit la tête. Son casque est un plat à barbe, son cheval, Rossinante. Et l'âne du laboureur se met à braire devant son blason.

Placée entre ces deux figures, celle de Gargantua est plus vague, moins précise. Les formes en sont plus amples, plus lâchées, plus grandioses. Gargantua est moins glouton, moins sensuel que Falstaff, moins paresseux que Sancho, mais il est plus buveur, plus rieur, plus criard. Il est terrible et monstrueux dans sa gaieté.

. . . .

Une dernière réflexion qui termine. Rabelais n'a sondé que la société telle qu'elle pouvait être de son temps. Il a dénoncé des abus, des ridicules, des crimes, et, que sais-je, entrevu peut-être un monde politique meilleur, une société tout autre. Ce qui existait lui faisait pitié, et, pour employer une expression triviale, *le monde était farce*. Et il l'a tourné en farce.

Depuis lui, qu'est-ce qu'on a fait? Tout est changé. La réforme est venue. Indépendance de la pensée. La Révolution est venue. Indépendance matérielle.

Et encore?

Mille questions ont été retournées, sciences, arts, philosophies, théories, que de choses seulement depuis vingt ans! Quel tourbillon! Où nous mènera-t-il?

Voyez donc : où êtes-vous? Est-ce le crépuscule? est-ce l'aurore? Vous n'avez plus de christianisme. Qu'avez-vous donc? des chemins de fer, des fabriques, des chimistes, des mathématiciens. Oui, le corps est mieux, la chair souffre moins, mais le cœur saigne toujours. L'âme, l'âme, la sentez-vous se déchirer, quoique l'enveloppe qui la renferme soit calme et bienheureuse? Voyez comme elle s'abîme dans le scepticisme universel, dans cet ennui morne qui a pris notre race au berceau, tandis que la politique bégaye, que les poètes à peine ont le temps de cadencer leur pensée et qu'ils la jettent à demi écrite sur une feuille éphémère, et que la balle homicide éclate dans chaque grenier ou dans chaque palais qu'habitent la misère, l'orgueil, la satiété!

Les questions matérielles sont résolues. Les autres le sont-elles? Je vous le demande. Dites-le moi. Et tant que vous n'aurez pas comblé cet éternel gouffre béant que l'homme a en lui, je me moque de vos efforts, et je ris à mon aise de vos misérables sciences qui ne valent pas un brin d'herbe.

Vienne donc maintenant un homme comme Rabelais! Qu'il puisse se dépouiller de toute colère, de toute haine, de toute douleur! De quoi rira-t-il? Ce sera ni des rois, il n'y en a plus; ni de Dieu, quoi qu'on n'y croie pas, cela fait peur; ni des jésuites, c'est déjà vieux.

Mais de quoi donc?

Le monde matériel est pour le mieux, ou du moins il est sur la voie.

Mais l'autre? Il aurait beau jeu. Et si le poète pouvait cacher ses larmes et se mettre à rire, je vous assure que son livre serait le plus terrible et le plus sublime qu'on ait fait.

A BORD DE LA CANGE

A BORD DE LA CANGE

Maxime Du Camp passe une partie de la nuit à écrire des lettres. Bouilhet dort sur sa peau d'ours noir. Le matin, je le reconduis au chemin de fer de Rouen. Nous nous embrassons, pâles. Il me quitte. Je tourne les talons. Dieu soit loué! c'est fini! Plus de séparation avec personne. J'ai le cœur soulagé d'un grand poids.

Il y a encombrement chez Maxime. On déménage ses meubles. Ses amis viennent lui dire adieu. Cormenin, assis sur une table, est noyé de larmes.

. . . .
. . . .

J'intercale les quelques pages que j'ai écrites sur le Nil, à bord de notre Cange. J'avais l'intention d'écrire ainsi mon voyage par paragraphes, en forme de petits chapitres, au fur et à mesure, quand j'aurais le temps. C'était inexéculable. Il a fallu y renoncer, dès que le Rhamsin s'est passé et que nous avons pu mettre le nez dehors. J'avais intitulé cela : « La Cange. »

I

6 Février 1850. « A bord de la Cange. »

C'était, je crois, le 12 novembre de l'année 1840. J'avais dix-huit ans. Je revenais de la Corse (mon premier voyage). La narration écrite en était achevée, et je considérais, sans les voir, tout étalées sur ma table, quarante-cinq feuilles de papier dont je ne savais plus que faire. Autant qu'il m'en souvient, c'était du papier à lettres, à teinte bleue, et encore tout divisé par cahiers pour pouvoir tenir dans les ficelles de mon portefeuille de voyage.

Ils avaient été achetés à Toulon, par un de ces matins d'appétit littéraire où il semble que l'on a les dents assez longues pour écrire démesurément sur n'importe quoi. J'ai jeté sur les pages noircies un long regard d'adieu ; puis, les repoussant, j'ai reculé ma chaise de ma table et je me suis levé. Alors j'ai marché de long en large dans ma chambre, les mains dans les poches, le cou dans les épaules, les pieds dans mes chaussons, le cœur dans ma tristesse.

C'était fini. J'étais sorti du collège. Qu'allais-je faire? J'avais beaucoup de plans, beaucoup de projets, cent espérances, mille dégoûts déjà. J'avais envie d'apprendre le grec. Je regrettais de n'être pas corsaire. J'éprouvais des tentations de me faire renégat, muletier ou camaldule. Je voulais sortir de chez moi, de mon moi, aller n'importe où, partout, avec la fumée de ma cheminée et les feuilles de mon acacia.

Enfin, poussant un long soupir, je me suis rassis à ma table. J'ai enfermé sous un quadruple cachet les cahiers de papier blanc, j'ai écrit dessus, avec la date du jour: « papier réservé pour mon prochain voyage », suivi d'un large point d'interrogation, j'ai poussé cela dans mon tiroir et j'ai tourné la clef.

Dors en paix, sous la couverture, pauvre papier blanc qui devais contenir les débordements d'enthousiasme et les cris de joie de la fantaisie libre. Ton format était trop petit et ta couleur trop tendre. Mes mains plus vieilles rompront un jour tes cachets poudreux. Mais qu'écrirai-je sur toi?

II

Il y a déjà dix ans de cela. Aujourd'hui je suis sur le Nil et nous venons de dépasser Memphis.

Nous sommes partis du vieux Caire par un bon vent de Nord. Nos deux voiles entre-croisant leurs angles, se gonflaient dans toute leur largeur, la Cange allait penchée, sa carène fendait l'eau. Je l'entends maintenant qui coule plus doucement. A l'avant, notre raiz Ibrahim, accroupi à la turque, regardait devant lui, et sans se détourner, de temps en temps, criait la manœuvre à ses matelots. Debout sur la dunette qui fait le toit de notre chambre, le second tenait la barre tout en fumant son chibouk de bois noir. Il y avait beaucoup de soleil, le ciel était bleu. Avec nos lorgnettes nous avons vu, de loin en loin, sur la rive, des hérons ou des cigognes.

L'eau du Nil est toute jaune, elle roule beaucoup de terre ; elle semble comme fatiguée de tous les pays qu'elle a traversés et murmurer toujours la plainte monotone de je ne sais quelle lassitude de voyage. Si le Niger et le Nil ne sont qu'un même fleuve, d'où viennent ces

flots? Qu'ont-ils vu ? Ce fleuve-là, tout comme
l'Océan, laisse remonter la pensée jusqu'à des
distances presque incalculables ; et puis, ajou-
tez par là-dessus l'éternelle rêverie de Cléopâtre et comme un grand reflet de soleil, le
soleil doré des Pharaons. A la tombée du jour
le ciel est devenu tout rouge à droite et tout rose
à gauche. Les pyramides de Sakkara tran-
chaient en gris dans le fond vermeil de l'horizon. C'était une incandescence qui tenait tout
ce côté-là du ciel et le trempait d'une lumière
d'or. Sur l'autre rive, à gauche, c'était une teinte
rose ; plus c'était rapproché de terre, plus c'é-
tait rose. Le rose allait montant et s'affaiblis-
sant, il devenait jaune, puis un peu vert; le
vert pâlissait et, par un blanc insensible, gagnait le bleu qui faisait la voûte de nos têtes, où
se fondait la transition (brusque) des deux
grandes couleurs.

III

Là-bas, sur un fleuve plus doux, moins antique, j'ai quelque part une maison blanche
dont les volets sont fermés, maintenant que je

n'y suis plus. Les peupliers sans feuilles frémissent dans le brouillard froid, et les monceaux de glace que charrie la rivière viennent se heurter aux rives durcies. Les vaches sont à l'étable, les paillassons sur les espaliers, la fumée de la ferme monte lentement dans le ciel gris.

J'ai laissé la longue terrasse Louis XIV, bordée de tilleuls, où, l'été, je me promène en peignoir blanc. Dans six semaines on verra leurs bourgeons. Chaque branche alors aura des boutons rouges; puis viendront les primevères, qui sont jaunes, vertes, roses, iris. Elles garnissent l'herbe des cours. O primevères, mes petites, ne perdez pas vos graines, que je vous revoie à l'autre printemps.

J'ai laissé le grand mur tapissé de roses et le pavillon au bord de l'eau. Une touffe de chèvre-feuille pousse en dehors sur le balcon de fer. A une heure du matin, en juillet, par le clair de lune, il y fait bon venir voir pêcher les caluyots.

IV

Vous raconter ce qu'on éprouve, à l'instant du départ, et comme votre cœur se brise à la rupture subite de ses plus tendres habitudes, ce serait trop long, je saute tout cela. . . .

. . . .

Entre nous deux, dans le coupé, se tenait, sans mot dire, une dame d'une cinquantaine d'années, la figure emmitouflée de voiles, le corps enveloppé dans une pelisse de soie. Une jeune femme et un Monsieur l'avaient conduite jusqu'au bureau. Quand on a tourné la borne de la rue Saint-Honoré, » elle a pleuré. Elle allait en Bourgogne, elle devait s'arrêter le soir ou dans la nuit. Son voyage finissait dans quelques heures et elle pleurait. Mais je ne pleurais pas, moi, qui allais plus loin et qui sans doute quittais plus. Pourquoi m'a-t-elle indigné? Pourquoi m'a-t-elle fait pitié? Pourquoi avais-je envie de lui dire des injures à cette bonne femme? Serait-ce que notre joie est la seule joie légitime, notre amour, le seul amour vrai, notre douleur, la seule douleur?

. . . .

A ma droite était un monsieur maigre, en chapeau blanc ; à ma gauche, deux conducteurs de diligence qui, par-dessus leur veste, avaient passé leur blouse bleue. Le premier, marqué de pe-

tite vérole et portant pour toute barbe une large
« Mazagran » noire, était notre conducteur à
nous. Son compagnon, gros gaillard à figure
réjouie, venait depuis quelques jours de donner
sa démission et s'en allait à Lyon faire un
voyage d'agrément et se livrer à l'exercice de la
chasse. Quel mélange d'idées plaisantes ne s'offre-t-il pas à l'esprit dans la personne du conducteur? N'y retrouvez-vous pas, comme moi,
le souvenir chéri de la joie bruyante des vacances, le vagabondage de la dix-septième année, la rêverie au grand air, avec cinq chevaux
qui galopent devant vous sur une belle route et
des paysages à l'horizon, la senteur des foins, du
vent sur votre front, et les conversations faciles,
les rêves tout haut, les interminables pipes que
l'on rebourre et qu'on rallume, tout ce que comporte en soi la fraternité du petit verre, sans oublier non plus ces mystérieuses bourriches inattendues qui entrent chez vous, vers le jour de
l'an, dans votre salle à manger chauffée le matin, vers dix heures, pendant que vous êtes à
déjeuner? L'avez-vous jamais talonné de questions sur la longueur de la route, cet homme
patient qui vous écoutait toujours? Dans le coin

de votre mémoire, n'y a-t-il pas le souvenir encore ému d'une montée quelconque dominant un pays désiré?

. . . .

V

J'ai souvenir, pendant la première nuit, d'une côte que nous avons montée. C'était au milieu des bois. La lune, par places, donnait sur la route. A gauche, il devait y avoir une grande vallée. La lanterne qui est sur le siège du postillon éclairait la croupe des deux premiers chevaux. Ma voisine, endormie, la bouche ouverte, ronflait sur mon épaule. Nous ne disions rien ; on roulait.

Le soir, vers dix heures, on s'est arrêté à Nangis-le-Franc pour dîner; les hommes ont fumé dans la cuisine autour de la grande cheminée. Des voyageurs pour le commerce ont causé entre eux. L'un deux prétendait en reconnaître un autre, ce que cet autre niait. Pourtant il se souvenait de l'avoir vu chez Goyer à Clermont. Il y avait bien de cela dix-huit bonnes années, et même il faisait un fameux tapage parce qu'on lui avait donné un lit trop court. — Ah! comme vous étiez en colère. — Oui, pardieu, vous criiez joliment. — C'est possible, Monsieur, je ne nie pas, il se peut, mais je n'ai point souvenance. »

. . . .

VI

Parmi les passagers du bateau de la Saône, nous avons regardé avec attention une jeune et svelte créature qui portait sur sa capote de paille d'Italie un long voile vert . . . .
. . . .

Quant à moi, tourmenté par ma bosse de la causalité, je me promenais de long en large sur le pont du bateau, cherchant en mon intellect dans quelle catégorie sociale faire rentrer ces gens, et, de temps à autre, pour secourir mon diagnostic, jetant un coup d'œil à la dérobée, sur les adresses des caisses, cartons et étuis entassés pêle-mêle au pied de la cheminée. Car j'ai cette manie de bâtir de suite des livres sur les figures que je rencontre. Une invincible curiosité me fait me demander, malgré moi, quelle peut être la vie du passant que je croise. Je voudrais savoir son métier, son pays, son nom, ce qui l'occupe à cette heure, ce qu'il regrette, ce qu'il espère, amours oubliés, rêves d'à présent, tout, jusqu'à la bordure de ses gilets de flanelle et la mine qu'il a quand il se purge. Et si c'est une femme (d'âge moyen surtout) alors la démangeaison devient cuisante. Comme on voudrait tout de suite la voir nue, avouez-le, et nue jusqu'au cœur. Comme on cherche à connaître d'où elle vient, où elle va, pourquoi elle se trouve ici et pas ailleurs. Tout en promenant vos yeux sur elle, vous lui faites des aventures. Vous lui supposez des sentiments. On pense à la chambre qu'elle doit avoir, à mille choses encore, et que sais-je? aux pantoufles rabattues dans lesquelles elle passe son pied en descendant du lit.

. . . .

Une diligence de hazard se trouvait là. Nous engloutissons un méchant dîner, nous sautons dans la guimbarde et un quart d'heure après nous roulons sur la route de Marseille.

On sent déjà que l'on a quitté le Nord, les montagnes au coucher du soleil ont des teintes bleuâtres. La route va toute droite entre des bordures d'oliviers. L'air est plus transparent et pénétré d'une lumière claire.

. . . .

VII

La première fois que je suis arrivé à Marseille, c'était par un matin de Novembre. Le soleil brillait sur la mer, elle était plate comme un miroir, tout azurée, étincelante. Nous étions au haut de la côte qui domine la ville du côté d'Aix. Je venais de me réveiller. Je suis descendu de voiture pour respirer plus à l'aise et me dégourdir les jambes. Je marchais. C'était une volupté virile comme je n'en ai plus retrouvé depuis. Comme je me suis senti pris d'amour pour cette mer antique dont j'avais tant rêvé! J'admirais la voilure des tartanes, les larges culottes des marins grecs, les bas couleur tabac d'Espagne des femmes du peuple. L'air chaud qui circulait dans les rues sombres entre les hautes maisons m'apportait au cœur les mollesses Orientales et les grands pavés de la Canebière qui chauffaient la semelle de mes escarpins, me faisaient tendre le jarret à l'idée des plages brulantes où j'aurais voulu marcher-

Un soir j'ai été tout seul à l'école de natation de Lansac, du côté de la baie des Oursins, où il y a de grandes madragues pour la pêche du thon, qui sont tendues au fond de l'eau.

J'ai nagé dans l'onde bleue, audessous de moi, je voyais les cailloux à travers et le fond de la mer tapissé d'herbes minces. Avec un calme plein de joie, j'étendais mon corps dans la caresse fluide de la Naïade qui passait sur moi. Il n'y avait pas de vagues, mais seulement une large ondulation qui vous berçait avec un murmure.

Pour rejoindre l'hôtel, je suis revenu dans une espèce de cabriolet à quatre places, avec le directeur des bains et une jeune personne blonde, dont les cheveux mouillés étaient relevés en tresses sous son chapeau. Elle tenait sur les genoux un petit carlin de la Havane, auquel elle avait fait prendre un bain avec elle. La bête grelottait. Elle la frottait dans ses mains pour la réchauffer. Le conducteur de la voiture était assis sur le brancard et avait un grand chapeau de feutre gris. Comme il y a longtemps de cela, mon Dieu!

TABLE

Préface aux dernières chansons.................. 1
Lettre au conseil municipal de Rouen............ 41
Par les champs et par les grèves................ 66
Novembre....................................... 217
Chant de la mort............................... 261
Smarh.. 281
Rabelais....................................... 301
A bord de la Cange............................. 317

www.ingramcontent.com/pod-product-compliance
Lightning Source LLC
Chambersburg PA
CBHW062008180426
43199CB00033B/1520